祝各位能够通过开店创业去改变周遭的一些事物，
找到自己的使命与理想，实现自己的人生价值，成功圆梦。

成功开店计划书

关登元◎著

SPM 南方出版传媒
广东经济出版社
·广州·

图书在版编目（CIP）数据

成功开店计划书／关登元著．—广州：广东经济出版社，2020.5
ISBN 978－7－5454－7199－1

Ⅰ．①成…　Ⅱ．①关…　Ⅲ．①商店－商业经营　Ⅳ．①F717

中国版本图书馆CIP数据核字（2020）第038063号

版权登记号：19－2019－088

责任编辑：程梦菲　钟汝婷
责任技编：陆俊帆
封面设计：木崖平面设计工作室

成功开店计划书
CHENGGONG KAIDIAN JIHUASHU

出版人	李　鹏
出　版 发　行	广东经济出版社（广州市环市东路水荫路11号11～12楼）
经　销	全国新华书店
印　刷	广东信源彩色印务有限公司 （广州市番禺区南村镇南村村东兴工业园）
开　本	880毫米×1230毫米　1/32
印　张	6.5
字　数	170千字
版　次	2020年5月第1版
印　次	2020年5月第1次
书　号	ISBN 978－7－5454－7199－1
定　价	45.00元

图书营销中心地址：广州市环市东路水荫路11号11楼
电话：（020）87393830　邮政编码：510075
如发现印装质量问题，影响阅读，请与本社联系
广东经济出版社常年法律顾问：胡志海律师

自序

回想起创业这个过程，已经走了十年，过程中有许多的体会与感触。

这本书是写给微型创业者的。因为自己是从一台小餐车开始经营，知道这一路有太多的东西要学，但很多时候这个学习过程非常不连贯且没有逻辑性，所以我就将自己这一路所学，加上自己从餐车到连锁事业的一些经验整理成这本书，作为一个系统性学习的指导，让微型创业者能够有所参考，让创业这条路变得更加顺遂，这是我撰写这本书的初衷，也是一直以来写作的初衷。

通过编辑的引导，我一步步把这十年来累积的理论知识与实务经验汇整出来，将“学问”与“实务”整合输出，这对我来说也算是个挑战。我很开心这本书最终诞生了。

我期许借由这本书与更多的微型创业者或是在创业路上的读者结缘，让我们一起在艰难的创业道路上互相支持与打气，实现心中的大业，让微型创业也有机会成气候，变身为企业。共勉。

目 录

开店首部曲：
我想创业，如何开始？

开店二部曲：
创业起步，如何谋划？

开店三部曲:
创业之后，如何经营?

开店首部曲：

我想创业，如何开始？

我想开一家属于自己的店！这是许多创业者的初心。但创业并不一定会成功，该如何起步？如何规划有效的创业点子、做好市场评估并筹集到创业资金呢？在开店首部曲里，我将根据自己多年的实战经验，分享创业的方法与心得。

1-1

我有一个好点子，如何判断它是否可行？

当我有一个创业的点子时，如何判断它是否可行？第一堂课，让我们尝试解答这个问题。

这几年，年轻人的社会压力不断增长，压力之下，许多年轻人选择了创业这条路。

创业项目非常广泛，在茫茫市场当中我们该选择怎样一个项目来投入？这就需要严谨评估并盘点自身资源与能力了。

这几年，我一直在创业这条道路上奋斗。从2007年以一台餐车开始创业至今，渐渐地发展成连锁餐饮店体系，这个过程中的种种经历，促使我写成这本书，来跟想要创业的朋友分享我的实战经验和多年积累的创业想法，也希望这本书能够帮助想要创业的朋友，给他们提供一些参考建议。

创业，从哪里开始？

创业，通常有两种动机：一种是想要实现人生梦想，让自己的人生能够因创业而更加充实；另一种则是因为环境或者生活所迫，想要靠创业来改变人生轨迹，从而过上更好的生活。

这两种动机，无论哪一种，从我自己在创业这条路上的经历来看，都是一种“初衷”，必须谨记在心，作为创业的动力，开启创业之路的篇章。

记得在2007年我和伙伴规划创业时，我们正好要从军中退伍。我俩是初中同学，因为过去无论读书还是考职业军人，都阴差阳错没办法顺利地共事，所以我们一直有想要共事的念头。于是就在要退伍的那一年，我们讨论要一起创业，这样就可以共事了，这是我们当初的创业动机。

当我们决定要一起创业后，就面临着和许多创业者一样的问题——“我该怎么开始？”又或者“我该做什么？”

我们当时想过在路边摆摊卖臭豆腐、面条等，其实我们没有什么资源，也没学过餐饮知识，甚至没有任何烹饪技巧，只因为餐饮行业的资本投入比较少，进入门槛比较低，所以我们当时就锁定了餐饮这个项目，只是不知道要如何开始。

如何找到创业的点子？

餐饮行业是很多想要创业的人的首选，因为其门槛低，所需资本量较少。这算是很多人选择餐饮业当创业跳板，或者将其作为长远事业的重要原因。

我们虽说要进入餐饮行业，但要“卖什么”呢？当时也想了很久，直到有一天突然想到自己的父母一直在吃素，于是我们开始去关注“素食”这个市场，从中发现了一些“需求”，最终选择做“素食”这个项目。

在创业前我自己并没有吃素，甚至并不了解素食这个市场，但因为父母吃素很久了，刚好我们创业想要做素食项目，所以我们开始利用当兵期间的每一次假期骑着摩托车去看别人的素食是怎么做的。

在我们寻找素食餐厅时发现了几件事：

（1）素食餐厅怎么那么少！

（2）素食餐厅大部分都是自助餐，或者面摊，但这些都不是年轻人喜欢吃的呀！年轻人喜欢吃速食，或者较西式的食物，可这些在一般餐饮店很常见的食物，当年在素食领域却没有。

（3）居然没有素食早餐！

这些发现让我们看到了市场的缺口与需求，我们认为这个部分或许可以成为我们的切入点，因此我们便正式开始进行一系列的创业讨论与计划。

「创业的点子，来自你发现的市场缺口与需求。」

如何判断创业的点子有没有实现的机会?

有了创业的动机，有了创业的点子，就代表这个点子真的可以实现吗？当然不是，即使是微型创业，也要投入一定的资金和人力，更何况创业的人大多想要通过创业来改变人生轨迹，因此更应该谨慎研究，确认创业点子是否可行。

1. 从一个简单的点子开始

我认为，首先必须从一个简单的点子开始考虑，其次去寻找市场脉络，最终找到市场需求与缺口。

2. 从身边的问题开始

最好的方式就是从自身的需求，或者是身边朋友的问题与需求去考虑，因为这是自己相对熟悉，或者较容易获得信息的方向。

3. 确认有相同需求的人群规模

要想知道有相同需求的人群规模，可以通过问卷调查来了解，或者在社群论坛、朋友圈先询问他们的一些想法当作参考，最主要的是要“确认需求”。

还有一个方法是去找数据来支持自己的点子或者论点，通过资料收集，让自己更明确地知道“市场”在哪边，该如何思考与规划。例如：找一些研究数据分析素食人群的动机和吃素年限。

评估创业点子的可行性

试试看，用前面教的三个步骤，评估你的创业点子，然后把你的答案填写在下面。

1. 你的创业点子是什么？

____

2. 你身边有人有相同的需求吗？

____

3. 你在调查与评估后认为这个市场需求有多大？

____

我的解答范例：

我们在创业过程中就做过一些调查，台湾的素食人口大约占 10%，而且吃素的人不太可能再改变饮食习惯去吃荤，所以原则上市场至少有 10%的素食人口，且随着社会环保话题、健康话题的产生，素食人口的发展趋势是向上的。

1-2 微型创业，就是在大众市场找差异需求

我的点子可以在市场中生存吗？我应该如何评估市场、选择市场？这堂课要教大家如何切割市场并找出差异点。

微型创业要选择已经有市场的点子

早餐市场是大众市场，而我们想做的素食早餐属于小众市场，这时候我们该如何判断这个点子是否可行呢？

假设每天有70%的人会在外吃早餐，那么可以计算出整个台湾每天会有1 610万人（2 300万人 × 70%）在外吃早餐。如果平均一个人早餐消费为50元[①]，那么一天就会有约8亿元的市场份额，一年有将近3千亿元

① 本书中的价格单位“元”均指新台币，1 元新台币 ≈ 0.2206 元人民币。

的市场份额。如果素食市场占10%，那么一年也有300亿元的市场份额。

相对于非素食早餐的竞争，素食早餐这一市场在我们创业时是空白的，更不用说“连锁”了。所以当时我们就以这样的预估市场份额作为我们投入的论点去支持我们的创业点子，然后继续更深入地规划。

“市场”是存在的，不需要另外创造，这一点对于微型创业者来说非常重要。

对于小资本的创业者来说，选择“已经形成的市场”这个观念很重要。

因为创造市场这种事必须是有一定的资本或者资源才可以做到的，创业者不要一开始就想去“改变”市场。如果我们只有小资本，就必须先了解自己的资源与能力，选择一块可以让自己存活的市场去耕耘，慢慢地等有能力了再去做较困难的事，这个顺序很重要。

微型创业更要做出差异化

只要选择大众市场创业就会成功吗？答案当然是否定的。大众市场的市场需求是可以确认存在的，但如何在大众市场中分一杯羹，就要看我们的能力与努力了。

在大众市场中做市场分割，就要找出大众市场中更细微的需求，做出差异化，这一点对创业者来说非常重要。

以我们的创业过程为例，因为现代人生活节奏变得很快，所以很少有人早起煮早餐，大部分人都选择在外吃早餐，但这些“外食族”的需求不会都一样，例如我们的切入点是素食，就是因为这70%的“外食族”中一定有人是“素食者”。

2007年我们创业的时候还没有什么人做素食，所以素食市场是有“需求”却没有“供给”的。

又例如，大部分早餐店都用烤箱烤面包，但一定有人不喜欢吃烤箱烤的面包，认为炭烤的更好吃。所以有人做出差异化，用炭烤面包来满足这种需求。

还有人觉得过去的果汁饮料都是用浓缩果汁做成的，但一定有人喜欢鲜榨果汁，所以研发了鲜榨果汁的饮料店如雨后春笋般冒了出来。

这些都是从大众市场中找出差异需求的例子，从这样的点子出发切入市场，才有机会成功。

切入大众市场来确保一定有市场，但有差异才能提高开店成功的概率。

要如何确认一个好点子是否可行？

如果您是微型创业者，资本不多资源也不是很多，那我建议您从大众市场中开始寻找机会点，然后分析出差异需求。

最好是以自己日常生活中会遇到的问题或者需求为出发点，这样会更清楚怎么和市场做沟通，从这样的角度再去寻找市场数据作为依据来思考跟规划自己的创业道路，这样至少心里面会比较清楚“为何而战”。

“为何而战”是我们跟市场沟通的核心，也是我们后续规划一家店或者一个品牌时的核心和思考重点。

如何切割与定位市场?

以我们的创业过程为例，来讲讲我们当初是如何分析机会点与切割市场的。

我的父母都喜欢吃素，所以就引导了我们往素食市场这个方向去思考。我们发现市场上的素食餐厅大部分都是面摊或者自助餐形式，很少有提供年轻人喜欢吃的西式餐点的素食餐厅，尤其是西式素食早餐。虽然当时连锁早餐店随处可见，但连一家素食早餐店都没有，更别说西式素食早餐店了，所以我们想朝这个方向去努力，相信这会是一片蓝海。

台湾约有10%的素食人口，在外吃早餐的人群比例也是很高的，所以我们觉得一定有这样的需求，便开始去研究这个市场。

我们看到了以下几个问题。

1. 吃素真的太不方便了

如果我们可以在各地都提供素食，那就可以让吃素更方便，所以“方便”是素食者面临的一大问题，解决这样的问题就给我们提供了创业机会，因此我们选择用连锁店的形式来解决这样的问题。

这里可以用这样的填空句来帮助自己分析市场：

我看见了______________________________的问题，所以解决________________________的问题就给我提供了创业机会，因此我用______________________的方法来解决这样的问题。

2. 没有西式素食早餐

从素食市场中切割，从早、午、晚餐的业态当中去找到一个切入点。

因为面摊跟素食自助餐都属于午、晚餐类型，很少有人做素食早餐，因此我们选择投入素食早餐项目。

3. 素食没有加盟体系

没有单店的诞生当然也就没有加盟体系，所以当时我们就立定计划要做加盟体系，这一路上就是采用加盟连锁的方式做规划。

4. 素食者在餐饮行业不好就业

这是我们创业后发现的问题，许多员工都是因为自己只吃素才选择来到我们店里工作。因此我们给吃素的人提供了就业岗位，解决了一些社会问题。

5. 品牌化，就是找到精确定位

即使我们一开始是微型创业，但我们希望能够做到现代化与品牌化，这样才能让更多的人接受我们的素食早餐。那么要如何实现品牌化呢？

吃素的原因有很多，过去人们吃素主要是出于宗教诉求，大部分素食者不吃植物五辛。还有一部分素食者的诉求是以不伤害动物为主的纯素诉求，包括蛋素与奶素。

把10%素食者再切割，纯素约占3%，蛋奶素约占7%。由于早餐中蛋奶的需求量较大，因此当时就选择了以蛋奶素作为我们的定位。

接下来继续切割，我们发现素食者处在不同的时期会有一些习惯的变化，例如长期吃素者会渐渐不太食用加工食品，但有一些刚开始吃素的人则需要一些仿荤加工食品的协助。西式早餐包括汉堡三明治，所以西式素食早餐可以定位在吃素“启发期”与“练习期”。

结合上述市场分析，找准我们的市场定位，把我们原本的点子通过一些研究与分析找到一个适合我们投入的点，这样一来就可以把点子转化为实际行动了！

做很多研究与分析是为了增强自己在执行上面的信心，实际创业过程中当然还是会遇到许多困难，但因为做过分析，所以会更清楚自己为何这样选择，也会比较容易地从这些问题中看到机会，然后从机会中找到创业成功的要素，进而成功创业。

经过1-1与1-2这两堂课的分析，我们的创业点子就不再只是单纯的点子，而是一个可以开始准备接受市场考验的执行点子了。

我的创业模式跟别人比有什么不一样？

别人都用____________________（什么方式）做，我跟他们不一样的地方是____________________。

1-3 我妈妈做的东西很好吃，一定可以大卖？

我有好的产品，我可以做出好的产品，就表示开店创业一定会成功吗？绝对不是，甚至可以说这是最危险的创业想法，因为拥有好产品还不够，我们还要懂得帮好产品规划正确的市场定位。

由于我经过了多年创业的历练，现在不时有一些刚刚开始想要创业的朋友会来询问我的意见，想听听我的经验与想法，帮助他们评估创业的点子是否可行。

通常我在评估他们的创业点子时，会问他们：“为什么想要做这个项目？”有好几次我都听到这样的答案：“这是我妈妈做的，我妈妈做的东西很好吃，我觉得可以大卖。”

产品好，只是创业的必要条件之一

通常尚未进入创业领域的朋友会以产品为出发点，觉得产品好就一定卖得出去，但真的是这样吗？

产品好是一个关键因素，但并非自己认为好的东西就一定卖得出去。我们通常会倒果为因，观察生意很好的店家时，最直接的反应是他们的产品很好，于是就有了既定印象——产品好就一定可以卖得好。

> 好产品，其实只是创业的必要因素之一，好东西不一定卖得出去。

单纯地认为产品好就可以大卖，没有规划与策略就去创业，风险真的很高，因为创业并没有想像中那么简单。

准备不足，好产品也难卖

前面我们有提到，如果从微型创业者进入市场的角度来看，要尽量选择大众市场，在大众市场中做出差异化，简单来说就是做出不一样的特色，然后告诉顾客自己的东西有哪些不一样，以差异化去满足市场诉求是较好的切入点。

微型创业最大的问题是准备不足。

1. 资金不足

没有足够的资金去完善环境（装潢），没有足够的资金做更多的营销规划或曝光，只能用很有限的资金去运营，这时我们必须找到一个让资金快速周转的模式。

2. 经验不足

很多时候经验不足会导致资金没办法得到妥善运用，这也就是我们常说的“烧钱”。

因为经验不足会犯很多的错误，这是创业必经的道路。我们在职场中只专注于一个领域，但创业要跨多领域学习，一定会有自己本来不懂但因为创业而必须要学习的地方，因此必须要花一点成本在学习上面。

还没有创业的朋友，在职场上能够多学一点技能就一定要多学一点，不要认为多做没有多薪酬倒不如不做。如果真的想要创业，那就要利用仍在职场的时间学习创业所需要的技能，弥补经验上的不足，觉得有把握时再开始投入，这样创业风险较低。

3. 资源不足

除了经验不足以外，全面累积资源投入创业中需耗费一定时间，例如产品制作、寻找供应商、确定创业团队等。

因此若能利用所在职场的便利把创业所需要的资源积累起来是最好的，以前职场上的人际关系、供应商关系在创业时会变得非常重要。

先找到会买你妈妈做的产品的消费者

在所有条件都很艰难的状况下，要启动创业这件事就变得更不容易了，但也不用想得过于复杂，想想很多人不也是白手起家，慢慢学习才成就一番事业的吗？

我自己也是从一个餐车的经营开始学习创业，累积经验与知识，从微型创业到最终建立企业，一步步地积累起来。

如果一开始你的出发点是妈妈做的东西很好吃，不是不行，而是还有几个问题要思考：

1. 妈妈做的东西除了“好吃”之外，还有什么特点跟市场上卖的产品不一样？

例如，妈妈做的面条是纯手工的，而外面卖的面条可能是用机器做的。所以外面卖的面条吃起来硬硬的，口感并不好，而妈妈做的面条因为是手工面条，吃起来口感特别好。

再例如，外面卖的面条汤底有可能是用高汤粉熬制的，但妈妈煮的汤底是精选上等香菇、萝卜以及8种中药药材，用高汤熬制4小时而成的，所以吃起来味道自然好。

以上这些就是我们所谓的“产品诉求”，我们必须要知道妈妈做的东西跟市场上的其他产品有哪些不一样的地方。

给消费者一个一定要买的理由。

我们可以通过细化产品诉求去跟消费者沟通，同时把它应用在菜单、店面设计、营销宣传上，让接触到的顾客都能够清楚地知道产品的诉求，通过大量的诉求曝光让更多人知道你的产品并且成为你的顾客。

2. 妈妈做的面条到底要卖给谁？

妈妈做的面条很好吃，但你有想过要卖给谁吗？又或者说谁会为此买单？

如果我们从产品层面出发，那就要做以下思考。

> 这样的产品到底“谁”会买，这个“谁”到底长什么样子？有什么样的“习惯”？他为什么会买？

举几个例子：

（1）我家附近是住宅区，下午5点左右会有许多小朋友放学，小朋友放学后会感觉肚子饿，所以一些妈妈会买面条当点心给小朋友吃。

这时候就有几个关键词：妈妈、下午5点、点心、住宅区。所以我可以锁定的目标客户需求是“下午5点”左右，“妈妈”买“点心”回家给小朋友吃。

（2）早上8点，上班族要赶时间，因为面条不用等待可以马上打包带走，所以我可以锁定的目标客户是“早上8点”“赶时间”的上班族。

这就是从好产品出发后还要继续往下思考的问题。首先是你的产品到底有哪些诉求，这些诉求能够帮助顾客快速了解我们产品的“差异化”，给顾客一个购买的理由。然后我们要明确产品到底要“卖给谁”，这就要把顾客的“轮廓”给描述出来，其实把顾客“轮廓”描述出来有一个很重要的原因，那就是日后你在做品牌营销或者产品营销时，你会很清楚自己在“对谁讲话”。

因为顾客“轮廓”越清楚，你越知道要怎么跟他对话。比如当我看到一个65岁的婆婆时，我可能会讲台语，然后和她聊聊生活话题并推荐一些她较容易接受的产品。如果面对的是一个25岁的年轻人，那我可能会跟他聊动漫精灵宝可梦。

所以顾客“轮廓”越清楚就越容易做定位，学会做市场沟通是营销工作中的关键。

妈妈做的面条要卖多少钱?

产品确定了，刚刚也探讨过要“卖给谁”（客群定位），接下来我们就要确定产品卖多少钱。

决定产品要卖多少钱要考虑的因素非常多，举几个例子：

1. 产品本身的成本结构

如果以餐饮行业50%~70%的毛利来计算，假设成本是10元，那定价就有可能是20~33元，这是最直接的成本定价法。

2. 产品的价值性

要卖20元还是33元，这就要看你是否有办法将产品呈现出高价值感。也就是说如果你卖的是早、午餐，有摆盘跟没摆盘、摆得好不好看、食材的颜色搭配等都会影响视觉效果，视觉效果会影响整个产品的价值感。

有的人很擅长摆盘，可以把10元的成本摆出30元的价值，有的人不擅长摆盘，那可能卖20元客人都觉得不值得。所以除了成本以外，产品呈现的方式也是做高定价需要考虑的要素。

3. 可不可以赚钱？

记得我刚开始创业时没有定价的概念，当时去看了同类产品卖多少钱，就跟别人卖差不多的价钱，我想这也是许多人创业时会做的事情。但是别人的产品定价是怎么计算出来的？为什么在同样的定价下他能赚钱而我却赔钱？

后来我发现一个原因，别人卖的价钱虽然低，但是产品生产操作简单，不需要很多人力，人员费用也较低，所以尽管毛利较少，但仍有得赚。而我做的虽然看起来差不多，但做工较复杂，需要较多人力，所以售价太低的话根本赚不到钱。这就是别人赚钱而我赚不到钱的原因之一。

竞争者如何定价与定位？

如果我决定要将妈妈做的面条作为产品去创业，那我必须要去调查市面上卖同类商品的竞争者有多少，这些竞争者分别有哪些优势与劣势，然后去思考我要切入哪一个区间带，用怎样的定价策略与对方竞争。

例如：调查了市面上两家较有名的面条店，一个是老王的面店，另一个是小林的面店，然后做以下分析。

◇小林的面店

观察：路边摊，卫生条件较差，价格较低，一碗30元，外带为主，做法较随性。

优势：价格较低。

劣势：做法太过随性，卫生条件也不好。

◇老王的面店

观察：有店面，但是装修一般，没有冷气，较传统，用料比小林多，内食外带都有，做法比较讲究。

优势：有店面可以遮风避雨，跳脱路边摊格局，用料实在，在本地经营时间久。

劣势：传统经营，工作人员训练没有标准化，店面没有冷气，夏天吃面比较热。

如果我们选择切入同类市场，就要跟小林和老王的面店不一样。可以设定走较高品质路线，单价可以稍微高一点点，然后不一定要走单点式，可以用套餐式，店面内部稍微有装潢，显得有格调与氛围，对工作人员进行标准化训练，从而做出差异化与他们竞争。

我们可以把竞争对手的优势和劣势列出来，然后针对他们的优劣势找出我们的定位点，做出差异化来与他们竞争。

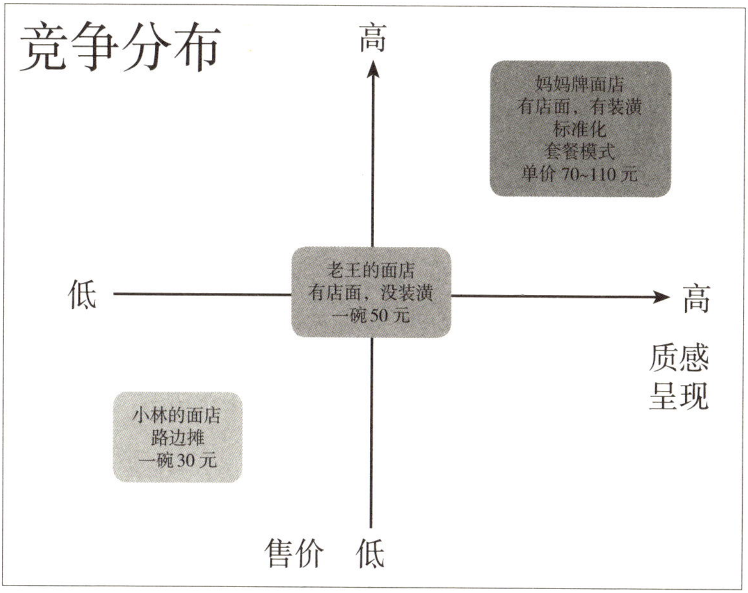

妈妈牌面店的定价策略

我想我们都听过一句话，就是薄利多销。薄利多销其实是一种营销策略。利用低价来吸引顾客，虽然毛利润低一点，但量够大，这样也可以有空间跟供货的厂商谈价，从而给自己创造利润空间。

但也有人采用高定价策略，然后去做价值塑造，例如提升店里的用餐环境、服务质量，利用这些附加价值来吸引顾客消费，因为这些都需要投入成本，所以毛利润必须要高一点才有办法获利。

定价策略最好还是在分析整体报表的基础上决定，即从“来客数”与“客单价”当中去分析单品的价格，这个部分我在后面的章节中会有更详细的说明。

从妈妈做的面条很好吃到市场定位

从产生“妈妈做的面条很好吃，一定会大卖”这个想法开始到现在，我们已经做了：

◇产品定位

◇客群定位

◇价格定位

这三个课题很重要，做完这三个方面的研究后，原则上基本的市场定位就有了初步的轮廓。

但创业没有这么容易，到现在为止我们只是初步做了市场观察，然后做了市场分析，找到一个好的切入点与市场区隔，最终开始做市场定位而已。只有做到市场定位这一步，后续的策略才有办法延伸出来，后文会慢慢跟大家解释。

检验好产品的市场定位

你现在也有一个像“妈妈做的面条很好吃”这样的点子吗？想知道这个你觉得很棒、很擅长的事情是不是可以拿来创业吗？下面我提供一份自问自答表，让你重新检验产品的市场定位。

给消费者一个一定要买的理由：

我的产品除了好吃之外，还有________________________（什么地方）与别人不一样。

描绘顾客“轮廓”，搞清楚要卖给谁：

我的产品要卖给谁？（客群）__________________________

他什么时候会来买？（习惯）__________________________

他为什么会来买？（消费动机）______________________

分析市场竞争与定位：

我的竞争对手是______________________________

他的优势是________________________________

他的劣势是________________________________

我的优势是________________________________

我的劣势是________________________________

确定产品定价策略：

我的产品要卖多少钱？________________________

为什么要卖这个价格？________________________

1-4

我想开一家店，要准备多少钱？

如果我确认点子可行，有市场，那接下来应该准备多少资金，才能顺利地开店运营呢？所谓做好万全准备，才能避免初期风险，这一堂课我来教大家正确地估算创业准备金的方法。

创业的资金很多时候是卡住创业者的门槛，这是很现实的问题。

当初我们两个人合伙创业，靠当职业军人3年半的时间存到的第一桶金，各100万元，也就是总共200万元作为我们的创业资金。但我们并没有贸然地将200万元一次性投入到创业当中，因为我们知道自己没有经验，对市场也不太了解，如果将200万元一次性投入，我想我们这次创业很快就会以失败收场。

我认为，“风险管理”是创业前最需要做的一件事。

我比较提倡先在职场累积一定经验与实力后再考虑创业。创业也不要一开始就太理想化，以我们的经验，最好的方式还是先“在做中学、在学中做”，慢慢地累积经验，然后加大投资去解决创业中的一些问题。

所以，刚开始创业一定要先做资金规划，通过资金规划确定哪些事情是现阶段一定要做的，哪些事情可以日后再进行。

如何计算创业资金中的周转金？

周转金主要包括两个部分：

1. 自身每个月的开销支出

投入创业意味着本来稳定的工作收入没有了，但自身一定会有基本开销，如果有家庭的话，开销会更大。

创业一开始会有规划期与执行期，创业者在规划期需要投入的精力可能不会与本职工作冲突，但是执行期有可能已经处于没有稳定工作的状态，需要开始全身心投入创业领域。

例如：学习专业技能需要一个月的时间，而这一个月是没有薪资的，就要准备一个月的基本开销。

如果装潢又需要一个月，那么也需要准备好这一个月的基本开销，这些都要预估进去。甚至刚开始创业的时候客源不稳定，尚在开发客源期，那么损益两平前的开销也要算进去。所以一定要先了解自己一个月到底需要多少开销，然后将自己的开销列入费用中，计算到底需要多少周转金。

2. 开店的基本开销

开店的基本开销整理成表格如下（我们用一家早餐店的基本开销做案例）：

基本开销	费用
a. 租金	25 000 元
b. 电费	10 000 元
c. 水费	500 元
d. 煤气费	4 000 元
e. 人员薪资	
全职员工	25 000 元
兼职员工	12 000 元
自身开销	3 000 元
f. 杂费支出	5 000 元
合计	111 500 元

也就是说店面一个月的基本开销是111 500元。

实际经营中，未必每个月都会是负11万元左右的现金流，因为营业收入可以抵销一部分营业支出，所以需要根据营业状况来评估周转金的使用状况。按上述的预估月支出，准备30万元的周转金是比较保险的。

要有预留周转金的概念，若是把现有资金一次性地用于硬件设备投资，则会导致最后没有资金可以周转，从而产生运营上的问题。

一般来说最好能准备6个月的周转金，但以现在大部分人的资金状况来看，很难准备齐6个月的周转金。最少也要预留2~3个月的周转金来应付周转。

我应该请设计师来设计店面吗？

开店一般要规划店面的硬件投资，大体有两种方式：

1. 请设计师设计并委托设计师发包

请设计师设计需要支付一笔设计费用，设计费用通常根据店面面积计算，所以要预估一笔设计费用。

例如：设计师的收费标准是一坪[①]5 000元，如果找了一间20坪的店面，那设计费用就要10万元。每个设计师的收费标准不太一样，从3 000元到10 000元不等甚至更高，所以要先问清楚设计师的设计费用怎么算，再评估是否要请设计师。

另外，创业者还要询问设计师除了设计费用外是否还有其他收费项目，例如监工费用或者其他延伸费用。这部分要先谈清楚，最好能够在合约中将费用项目的明细列出来，这样可以避免纠纷。

① 坪：土地或房屋面积单位，1 坪均合 3.3 平方米（用于台湾地区）。

2. 自行规划设计，然后找工人来施工

如果资金预算没那么充足，可以不请设计师。

我们准备开第一家店的时候刚好有朋友的早餐店要转让，我们将他的店面买下来，然后请木工师傅与水电师傅来施工，这也是一种节省费用的方式。但若没有专业设计师的协助，实际操作起来也是比较困难的，所以多收集一些资料再施工才能减少施工过程中可能出现的问题。

如何计算开店必要的硬件投资费用?

一般来说开办一家店会产生以下费用。

1. 店面拆除费用

通常我们在找店面时都要尽量找干净的店面，也就是不需要大面积拆除的店面，尤其对于资金不足的微型创业者而言，在寻找店面时要尽可能找干净的店面，这样才能够降低费用。

如果店面需要拆除，那请工人拆除、清运垃圾，可能又要多花几万元，这对于资金不足的微型创业者而言也是一笔较大的开销。

如果只找到了要拆除的店面，不妨先询问一下工程师傅，请教他们该如何处理，一般木工师傅或者负责工程的师傅都认识拆除的工人，又或者木工师傅会自行拆除再请人清运。

2. 木工工程费用

木工工程是整个工程里面工时较长、费用较高的一个部分。一般来

说，装修店铺的吧台和外观比较常用到木工。

3. 水电工程费用

电表、水表的设备费用。

4. 招牌工程费用

如外部招牌与内部输出图或者价目表的费用。

5. 不锈钢工程费用
6. 油漆工程费用
7. 地板、天花板费用
8. 生财器具费用
9. 小五金费用
10. 营销宣传品费用

费用部分我建议先把必要的设备中可以“自行估价”的都先列出来做成一个表单，因为没有这些就没办法营业，所以先列出必要的设备的总费用，然后看预算中还剩多少资金可以拿来施工。

较好的模式是：

将总资金减去设备金再减去周转金后的费用用来规划施工。

各位也不要将施工部分的费用估计得刚刚好，因为施工过程中往往都会出现一些意料之外的问题，有可能还需要一些预留费用收尾。所以假设总资金减去设备金再减去周转金后剩下50万元，那最好先用40万元做施工规划，预留一点资金做后续工作，这样比较保险。

微型创业最难的地方其实是将有限的资金最大地发挥作用，总有些地方会不那么完美，这就需要等努力经营获得收益后再慢慢地去修正了。

可以利用Excel表将可以询价的费用先列出来，工程部分也可以先找施工师傅做估价，尽可能地先将估价表完成后再动工，这样才能确保资金够用。

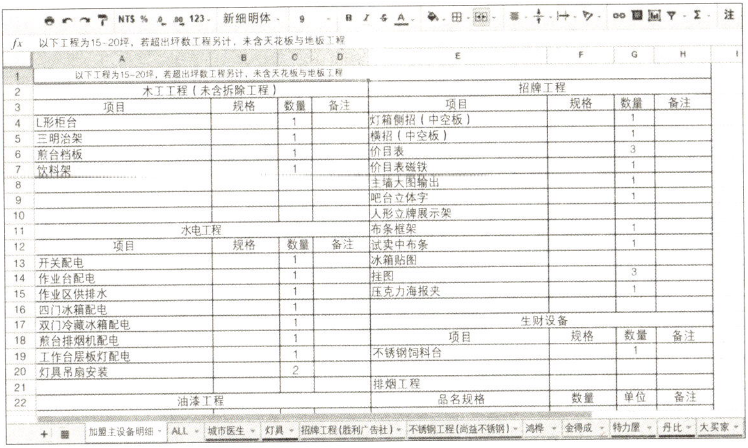

fx 以下工程为15~20坪，若超出坪数工程另计，未含天花板与地板工程

	A	B	C	D	E	F	G	H
1	以下工程为15~20坪，若超出坪数工程另计，未含天花板与地板工程							
2	木工工程（未含拆除工程）				招牌工程			
3	项目	规格	数量	备注	项目	规格	数量	备注
4	L形柜台		1		灯箱侧招（中空板）		1	
5	三明治架		1		横招（中空板）		1	
6	煎台档板		1		价目表		3	
7	饮料架		1		价目表磁铁		1	
8					主墙大图输出		1	
9					吧台立体字		1	
10					人形立牌展示架			
11	水电工程				布条框架		1	
12	项目	规格	数量	备注	试卖中布条		1	
13	开关配电		1		冰箱贴图			
14	作业台配电		1		挂图		3	
15	作业区供排水		1		压克力海报夹		1	
16	四门冰箱配电		1					
17	双门冷藏冰箱配电		1		生财设备			
18	煎台排烟机配电		1		项目	规格	数量	备注
19	工作台层板灯配电		1		不锈钢饲料台		1	
20	灯具吊扇安装		2					
21					排烟工程			
22	油漆工程				品名规格	数量	单位	备注

加盟主设备明细 ALL 城市医生 灯具 招牌工程(胜利广告社) 不锈钢工程(尚益不锈钢) 鸿桦 金得成 特力屋 丹比 大买家

fx 木工工程

	A	B	C	D	E	F	G	H	I
1	木工工程							招牌工程	
2		规格	数量	备注	单价	金额		项目	规格
3	L形柜台		25					灯箱侧招（中空板）	
4	三明治架		1					横招（中空板）	
5	煎台档板		1					价目表	
6	精致饮料台		1					价目表磁铁	
7	饮料架		1					主墙大图输出	
8	隔间+门		1					吧台LOGO立体字	
9	小计							人形立牌展示架	
10								布条框架	
11								试卖中布条	
12	水电工程							冰箱贴图	
13	项目	规格	数量	备注	单价	金额		挂图	
14	开关配电		1					压克力海报夹	
15	作业台配电		1						
16	作业区供排水		1						
17	四门冰箱配电		1						小计
18	双门冷藏冰箱配电		1						
19	煎台排烟机配电		1						
20	工作台层板灯配电		1					不锈钢饮料台	
21	灯具吊扇安装		2					项目	规格
22	小计							不锈钢饮料台	

加盟主设备明细 | ALL | 城市医生 | 灯具 | 招牌工程（胜利广告社） | 不锈钢工程（尚益不锈钢） | 鸿桦 | 金得成 | 特力屋 | 丹比

如何计算店面租赁费用？

店面租赁，通常要准备“一租两押”的资金，也就是1个月租金与2个月押金。但也有房东会要求3个月押金，这时就要看自己是否能够负担得起。

如果1个月的租金是3万元，那一开始就要给房东3万元的租金与6万元的押金，这样就有9万元的支出了。虽然押金在解约时可以拿回，但也要算入初期的开办预备资金里，租金越高意味着第一笔押金交得越多。

如何计算开店前的原材料采购费用？

在开店营业前，当然还要先采购原材料，所以要把原材料采购费用先估计出来。只有做到这一步，才算是真正准备好了微型创业的“准备金”。

统整表：计算全部的创业准备金

开一家店的整体资金规划我们再整理一下：

（1）周转金（最少2个月）	a. 租金
	b. 电费
	c. 水费
	d. 煤气费
	e. 人员薪资
	f. 杂费支出
（2）硬件设备投资	a. 店面拆除费用
	b. 木工工程费用
	c. 水电工程费用
	d. 招牌工程费用
	e. 不锈钢工程费用
	f. 油漆工程费用
	g. 地板、天花板费用
	h. 生财器具费用
	i. 小五金费用
	j. 营销宣传品费用
	k. 设计费
	l. 监工费
（3）物件（店面）租赁费用	
（4）首批原材料采购费用	

开店创业的工程安排流程

如果是请设计师规划设计，通常设计师会安排工程的进度。如果是自行规划，这边提供一个工程安排流程供大家参考。

（1）现场测量店面面积，勘查是否需要拆除，预测店面规划与设备摆设。

通常在做完店面测量但尚未与房东签约的这段时间，我们要尽快把设计图画好，然后做好工程安排，因为签订合同后每一天都在算租金，在开店前每一天都在烧租金，所以有经验的开店者会尽量利用这段时间将工程事宜做一些安排。

在与房东谈店铺租赁时一定要请房东给予“施工期”，施工期的长短要看房东，有的房东不愿意给，但是大部分房东都愿意给一到两个星期的施工期，好一点的愿意给一个月。

（2）与房东签约并支付租金和押金。

（3）初步规划店面动线、装潢、水电位置、设备位置。

（4）联系各工程师傅现场测量并报价。

（5）设计师出图。

（6）安排工人师傅进场。

（7）进行拆除工程。

在拆除的时候注意要保留电话线、网线等线路。

（8）安排不锈钢工厂施工。

（9）木工进料与进场施工。

（10）水电进场施工（进水、排水、配电）。

（11）油漆工程施工。

（12）安装不锈钢。

（13）整理现场。

（14）设备进场。

（15）招牌工程施工、内部价目表施工、形象大图张贴。

（16）小五金、桌椅进场。

（17）全面清洁。

（18）测试设备状况（有厨具的话要做保养）。

（19）原材料采购。

（20）测试动线与产品试做。

（21）试卖。

（22）开张。

以上是一个开店的流程，无论是找设计师设计还是自行规划设计都可以参考这个流程。好的筹备才能保证店铺顺利开张，所以预先的规划一定要做，也要妥善地规划资金应用，做好风险管控，这样才能提高创业的成功率。

计算开店的准备金

1. 开一家店，我每个月的费用有哪些？（可填入预估数字）

每月租金______________________________

人工成本______________________________

水费______________________________

电费______________________________

煤气费______________________________

营销费______________________________

杂费______________________________

2. 需要多少周转金？

周转金总额=总费用__________×3=________

3. 需要多少开店费用？（可填入预估数字）

第一个月租金____

押金____

木工工程费用____

水电工程费用____

生财器具费用____

不锈钢设备费用______________________________________

招牌工程费用____

营销宣传品费用______________________________________

设计费____

首批原材料采购费用__________________________________

总计____

1–5 创业过程中应该贷款吗？又该怎么贷款？

创业过程中如果资金不足，应该启用贷款的机制吗？又应该在什么时机贷款？应该如何确定合适的贷款金额？如何争取贷款成功？在这堂课中，我将一一为大家解答。

可以通过贷款获得创业启动金吗？

启动创业是需要一笔资金的，前一堂课中，我们详细地分析了开店创业需要的各种准备金。

但并不是每一位创业者一开始就有办法筹备所有的创业准备金，所以也常有人询问我创业贷款的相关问题。

根据我的观念与经验，一开始就通过借贷来创业，有可能会加速创业状况的恶化，因为贷款所带来的压力，有时会使我们在已经很不利的状况下做出错误的决策，导致失败。

如果你是第一次创业，那其实需要很长一段时间来学习与摸索，因为你必须积累一些实战经验，这种经验并非完全是看书或上课就可以获得的。上课与看书只能获得一点别人的经验，实际上你自己创业时，还是会有许多需要学习的地方，所以很多人刚开始时都处于摸索状态。

就我自身而言，刚开始创业时，我不懂什么叫“市场定位”（所以我前面一直提醒大家这一点很重要），产品的制作能力弱，营销能力也很弱，也没有相关的创业资源或者有经验的人带领，所以从刚开始创业到摸索出可以产生获利的途径，着实花了好长一段时间。

这段摸索时间里，店铺其实是没有太多现金流的，所以会很辛苦，心理压力也很大。如果当时我用贷款开始创业的话，每个月还要支出本金和利息，这会让整个财务状况更为危险！

所以我个人还是比较倾向于：

将创业贷款作为周转金或者是找到商业模式后的扩展金来使用，不要用作启动金，这种做法是较稳妥的。

如果没有第一桶创业资金该怎么办？

如果没有第一桶金，我的建议是从利用现有资金做个小生意开始。

利用自己能力范围可及的资金先去学习创业，也不必一开始就专职创业，可以先投入一些资金去“揣摩”小生意。

这几年出现了很多加盟创业模式，这是一个借由别人的经验降低学习门槛的方法，但由于加盟渠道甚多，总部营运状况也不容易掌控，因此在做加盟时有必要做一些筛选。

如何撰写创业经营计划书？

如果在创业过程中需要申请贷款，很可能就需要撰写创业经营计划书。在撰写创业经营计划书时，以下6点能帮助你厘清创业过程中的一些逻辑，同时让你的贷款申请更加有说服力。

1. 经营现状

你现在的经营状况，包括产品、服务、特点、顾客人群。

2. 市场分析

分析你的产品性能、顾客人群、市场定位、销售方式、竞争优势或差异化、市场潜力与未来展望，等等。

3. 财务结构分析

要了解自己的营业收入（以下简称“营收”）来源，可以先问自己几个问题：我一个月要做多少营业额？一天要来多少客人？每个客人平均要消费多少钱？一个月可能支出的水电煤气费、员工薪资、租金是多少？一个月要有多少客人来消费才能打平这些费用，又要有多少客人来消费才能达到我要的获利水平？

4. 还贷计划

写明你一个月可以还给银行多少钱（这是银行关注的重点）。

5. 借款户分析

你要写出你的背景和还款途径（这些都是银行想要看到的）。

6. 债权保证分析

也就是担保人是谁。

> 创业经营计划书的重点其实就是向银行证明你有偿债能力。

如何计算自己的借贷金额与还款能力？

在使用财务杠杆前，我有一个习惯就是先想清楚借款目的、借款用途、能创造的资金流、每个月需还款金额这4个评估点。

1. 借款目的

这笔款项是要用来扩张规模，还是当周转金？还是用来做设备投资？借款目的必须要先理清楚。

2. 借款用途

这笔钱要怎么使用？一次性使用还是分批使用？使用时间与金额怎么分配？

3. 能创造的资金流

这笔钱如果用来投资，那么会产生多少资金流？投资报酬率是否可以接受？

如果借贷的这笔钱不是用来扩张或者投资，那么以公司运营的状况来看是否能够顺利地支付每月的本金与利息？营收的高低差会不会造成这笔贷款的还款出现问题？

4. 每月需还款金额

创业贷款属于信用贷款，还款年限最多6年，如果第一年免还本金，那么实际还款年限是5年，如果贷满100万元，用平均分摊法计算（利息用2%计算）月还款情况如下。

第一年仅还利息，一个月约1 700元。

第二年开始本利摊还，一个月大约要还18 000元。试想如果你借到100万元贷款，是否有办法每个月多出18 000元的现金流用于还款？如果评估可行，那么或许可以使用贷款来扩张事业；但如果评估后还是觉得经营惨淡，那么利用这笔资金来支撑经营开销，就会比较危险了。

以上这些都是创业者使用创业贷款时需要注意的地方。资金与财务观念是创业中很重要的一环，形成好的财务观念可以让自己在创业路途上走得更顺利一点。

开店二部曲：

创业起步，如何谋划？

确认好我们的点子、产品有市场，准备好资金后，还不能贸然投入，我们最好先做运营评估与计划，做好计划，才能确保我们创业之初不会立刻“摔跤”，很有可能明明大有可为，却因为一开始没有做好评估而导致有志难伸。

2-1 什么是损益两平点？

首先，我们要确保店一开起来，起码不会赔钱。会不会赔钱，不仅要看产品好不好卖，还要通过精准计算各种成本与收益后才能得出结论。

记得自己刚开始创业时，只是一股脑地想要开创属于自己的事业，完全没有计算赚钱的机会有多大，只凭一股脑的热血，用当兵存下来的积蓄，找了一个伙伴，就这样开始了创业之路。

当然，创业后我们吃尽了苦头，因为根本不知道获利模式是什么，尽管一开始我们只是经营小餐车，但因为完全没考虑成本与定价的问题，也不知道该怎么招揽客人，所以在这个过程当中不断地遇到挫折，好在通过不断学习，才慢慢地撑了过来。

如果再来一次，我相信自己不会那么鲁莽，一定会提前做一些基本的评估。至少先拟定好运营策略，再去执行，这样成功的概率相对会高些。

银行更看重你的赚钱能力

前一堂课我们有提到创业贷款该怎么贷，讲到在贷款之前为了让银行了解创业情况必须要写创业经营计划书，银行看创业经营计划书时会非常在意财务报表的预估，因为他们必须评估你的事业是否真的有机会赚钱，以及是否具备还款能力。

所以我们必须证明自己具备“赚钱”与“还款”的能力，这样银行才愿意核贷，而不是说创业者想要贷款就可以贷得到。这两个思考点有点不太一样，因为在还没有具备创业能力之前，银行核贷的机率与金额都不会太高，所以还是在有了基本的创业概念后再去创业会比较好。

创业一定要认真规划财务报表

我们要评估一家店会不会赚钱，首先可以从财务报表的角度切入。一般来说，开店首先要了解损益两平点，也就是要知道需要做到多少营收才能损益两平，然后确定自己想要达到的获利标准，同时还要思考要达到这样的获利标准需要哪些“获利条件”，这是一个实用的创业思考逻辑。

创业者容易对创业产生误解，往往是只有点子而没有去评估点子可不可行，然后一股脑地投入资源与人力，到最后才发现没有获利的标准与条件，以失败收场，这是很常见的创业失败的情形。

所以建议创业者先学会写创业经营计划书，尤其要认真地思考财务报表这部分内容。

开店基本功：达到损益两平点

开店的第一个目标是损益两平，损益两平后才会进入获利模式，所以创业者要非常清楚如果要做到损益两平，需要实现多少营收，这是开店第一件要确认的事情。

损益两平，代表的意义是至少不用再继续投入资金，现金流不至于是负的。达到损益两平点，就代表至少在周转金用完之前能够多撑一点时间，短时间内不至于因为周转金用完而倒闭，所以损益两平点是一个很重要的目标。

在计算损益两平点之前，我们要先了解以下几件事。

1. 行业的平均成本与毛利率为多少？

以餐饮行业为例，毛利率为55%~70%，也就是说100元的商品，成本为30～45元。

报表公式：
营收－成本＝毛利
毛利－费用＝净利
毛利率＝毛利 ÷ 营收

2. 行业的营业费用有哪些?

小型餐饮创业可以把营业费用分为固定费用与变动费用。

固定费用	变动费用
a. 租金	b. 水费 c. 电费 d. 电话费 e. 燃气费 f. 人员薪资 g. 营销费用 h. 其他支出

当我们了解行业的毛利率水平与相关费用支出项目后，下一步就是预估相关费用实际支出的明细。

建议创业者多请教一些从事该行业的朋友或者上网搜索，下面我们以早餐店的费用支出为例来跟大家说明损益两平点的计算方式。

如何计算损益两平点?

当我们取得了相关费用后将总费用求和，如下表。

费用	金额
a. 租金	25 000 元
b. 水费	500 元
c. 电费	8 000 元
d. 电话费	300 元

（续表）

费用	金额
e. 燃气费	4 500 元
f. 人员薪资	
创业者薪资	35 000 元
正职员工（1 人）薪资	25 000 元
平日兼职员工薪资	13 000 元
假日兼职员工薪资	8 000 元
g. 营销费用	3 000 元
h. 其他支出	3 000 元
总费用	125 300 元

我们当时预估一个月的营业费用大约为125 300元（在做第一次预估时费用尽量往高去计算，避免费用低估，若实际运作后发现预估费用低于实际费用，届时会有资金周转的问题）。

营业费用÷毛利率=损益两平点

如果我们设定毛利率为60%，那么损益两平点就是：

125 300÷60%≈208 833元。

总费用	毛利率	损益两平点
125 300 元	60%	208 833 元

预估损益两平点会让我们知道，如果我们开一家店，设定自己一个月薪资为35 000元，店面租金大概25 000元，那么一个月最少要做到208 833元的营业额才能算是损益两平。这是我们开店要设定的第一个目标值！

计算损益两平点

我们整理一下计算损益两平点的步骤。

1. 了解行业毛利率水平（餐饮行业为55%~70%）。

2. 了解营业费用。

3. 计算出损益两平点（营业费用÷毛利率=损益两平点）。

当取得损益两平点后，接下来我们要分析损益两平点的数据，了解数据的意义。

下面请你试算自己店铺的损益两平点：

我的店平均毛利率是______________________________。

我的店每月总费用是______________________________。

我的店损益两平点是______________________________。

2-2 如何拟定店铺的获利计划？

不赔钱只是第一步，我们当然希望可以获利，那要怎么计算自己的店面有多少获利能力呢？这一堂课就带大家一起来做一个仔细的计算。

前面我们在创业第一步通过计算损益两平点以确保自己不会赔钱。接着我们当然不只是想要不赔钱，我们更希望能够赚钱。那么要如何拟定自己的获利计划，并且确保能够达成呢？

如何达成获利计划？

延续前面的计算案例，假设我们的获利目标是除了得到自己的薪资

35 000元以外，还想要赚取40 000元，那么财务预估的状况会如何？

费用	金额
a. 租金	25 000 元
b. 水费	500 元
c. 电费	8 000 元
d. 电话费	300 元
e. 燃气费	4 500 元
f. 人员薪资	
创业者薪资	35 000 元
正职员工（2 人）薪资	50 000 元
平日兼职员工薪资	13 000 元
假日兼职员工薪资	8 000 元
g. 营销费用	3 000 元
h. 其他支出	3 000 元
预估获利	40 000 元
总费用	190 300 元

总费用	毛利率	损益两平点
190 300 元	60%	317 167 元

在上面的表里，我们改变了两个数据，一是增加了预估获利金额，二是因为营收的提升增加了一名正职员工的薪资。

计算出的总费用为190 300元，将总费用除以毛利率60%，得出要达到获利目标的营收约为317 167元，这是在我们设定获利40 000元的目标后，必须要达到的金额。

所以接下来我们要分析达到这样的营收要具备哪些条件。我们用预期要达到的获利营收来做分析。

如果我的店要获利__________________元，那么一个月的营业额要达到________________元。

如何将月营收转化为日营收？

这里我们对比分析达到损益两平点与实现获目标利两种情况下应该要达到的日营收水平。

1. 损益两平点目标日营收

达到损益两平点要做到的月营收为208 833元。

转化为日营收就是：208 833元÷30天≈6 961元/天。

也就是说如果要达到损益两平点，那么每天的营业收入最少要有6 961元。你也可以算算你的店需要达到的日营收水平：

我的店要达到损益两平点，一天营业额要达到________元。

2. 获利状况目标日营收

获利状况下，月营收为317 167元。

转化为日营收就是：317 167元÷30天≈10 572元/天。

也就是说一天最少要赚到10 572元才能做到一个月317 167元的月营收（以我们的经验，假日的营收会是平日的1.5~2倍，我们可以先用平均值来计算）。

如何计算开店所需客流量?

营业额=来客数×客单价

更细化营业额组成（较适合零售业）=来客数（人流量×入店率×提袋率）×客单价

餐饮行业营业额=来客数（人流量×入店率）×客单价

所以我们在预估营业额的时候，定价是我们要先考虑的一个重点。以早、午餐店为例，假设我们的平均客单价为90元，那损益两平与获利状况两种情况下的来客数各要求达到多少?

1. 损益两平时需要多少来客?

如果要达到损益两平点，日营收目标为6 961元，客单价设定为90元，那么每天至少要有78位客人入店消费。

所以每天有78位客人入店消费、每人消费90元是我们第一阶段损益两平点要达成的目标。

我的店要达到损益两平点，至少一天要有____________位客人，平均客单价是________________元。

2. 获利状况下需要多少来客?

获利状况下的日营收目标为10 572元，客单价一样设定为90元，那么每天至少要有118位客人入店消费才可以达成目标。

我的店要达到获利________________元，
至少一天要有________________位客人，
平均客单价是________________元。

如何预估各时段客流量？

接下来我们要评估营业时间内每小时的客流量。

预估出每天的客流量后，接下来我们要去观察这个行业的人流高峰时段与低谷时段，然后预估高峰时段客流量与低谷时段客流量。这两个时段的数据会直接影响店内工作人员的配置数量与动线的安排。

客流量分布预估如以下图表所示。

时段	来客数
5—6点	5人
6—7点	10人
7—8点	20人
8—9点	15人
9—10点	10人
10—11点	8人
11—12点	8人
12—13点	2人
总来客数	78人

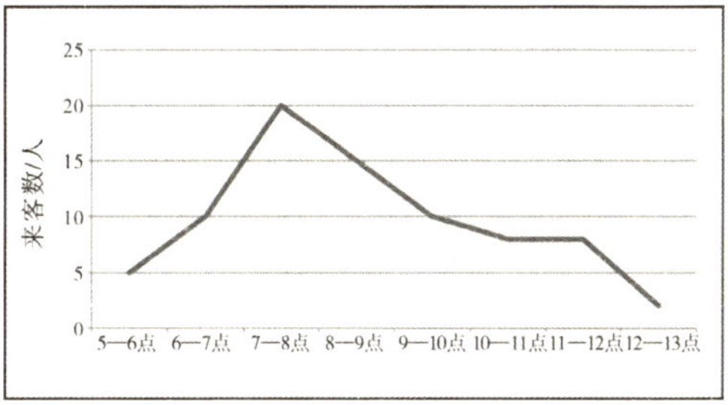

损益两平状况下各时段的预估来客数

时段	来客数
5—6 点	5 人
6—7 点	13 人
7—8 点	25 人
8—9 点	20 人
9—10 点	10 人
10—11 点	15 人
11—12 点	20 人
12—13 点	5 人
总来客数	118 人

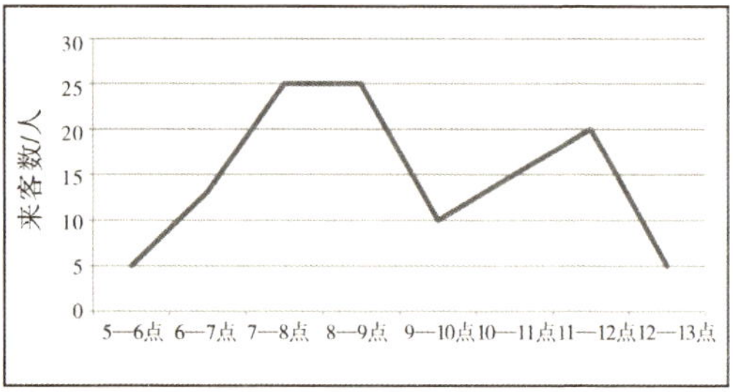

获利状况下各时段的预估来客数

如何评估是否能达成预估的来客数?

当我们计算出损益两平与获利状况下各时段来客数后，我们就可以比较精准地计算是否能达成营业额，也就知道是否能达成获利目标。

接下来，必须确认预估来客数的可达成性与可能性。

如果是第一次创业的创业者，不妨拿着自己的预估数据去观察同行业竞争店铺的运营情况。找生意好一点的店，数一下其每个时段接待客人的数量，再对比一下自己预估的数字，评估是否有机会达成。

这样可以有效地降低预估与实际的落差，因为刚开始创业一定没有经验，所以必须利用可以观察与分析的数据来提高自己分析数据的准确性，这也是我们用来降低风险的方法之一。

如果观察到竞争店铺的来客数与自己预估的相关数据差不多，那代表达到预估来客数的可能性是有的，但不代表自己一开店就能够立即做到，竞争店铺可能也是花了很多功夫才做到这样的成绩，我们只是需要先确认预估的数字是可以达成的。

你这家店的“营收天花板”是多少？

开一家店其实都会有所谓的“营收天花板”，影响“营收天花板”的要素有以下几个。

1. 堂食、外带、外卖的比例

一般餐饮店铺有三种营业模式，即堂食、外带、外卖。通常情况下，客单价越高，堂食比例会越高，所以当我们在设定来客数与客单价时，就需要考虑这一点，因为店铺的营业模式也会影响营收状况。

例如：早餐店平日的营业模式是堂食约占30%，外带约占60%，外卖约占10%。到了假日，堂食约占60%，外带约占40%。这是平均客单价在50~100元的早餐店的一般情况。

如果客单价在100元以上（例如早、午餐店），堂食比例会偏高，甚至只提供纯堂食的用餐方式，因为100元以上的餐点除了包含产品本身的价值外还有环境与空间的附加价值。

如果是饮料店，那么外带或外卖的比例会比较高。

2. 店面的布局

堂食、外带、外卖的比例跟营业空间的布局有很大的关系。

以饮料店为例，可能就不需要堂食空间，相对来说需要的店铺空间与布局就比较容易选择。

但如果是纯堂食的早、午餐店，那么堂食空间的布局会影响座位数。以一个小时必须要接待25位客人为例，如果你的座位数不足25个，而且只提供纯堂食的用餐方式，那么你觉得有可能达到获利状况下的预估来客数吗？答案是否定的。

所以营业空间的布局会决定我们是否有办法达到获利状况下的预估来客数，也就是说一家店铺的“营收天花板”如果没办法达成我们预估的获利状况，又或者我们没有考虑好堂食、外带、外卖的比例，策略运用错误，那么就会导致一家店陷入再怎么辛苦都不会赚钱的窘境。

3. 是否有办法提升翻桌率?

第三点与第二点有联动关系。

我先介绍一个名词——翻桌率，翻桌率就是顾客用餐轮替的速度与效率。如果我们的座位数是20个，今天招待了40位顾客，那就是翻桌两次。

由此可以得出一个公式：来客数 ÷ 座位数=翻桌次数。

你可以算算你的店面翻桌率是否利于提升你的来客数。

我的店一天最多能翻桌几轮？________________。

最多可以达到多少来客数？________________。

4. 坪效[1]是否能达到我们的预估值？

如第二点所提，空间布局会影响座位数，座位数会影响翻桌率。

如果座位数不多，那么翻桌率就要高，所以如果你找的店铺面积不大，座位数没办法增多，就要考虑是否应该承租这样的店铺，是否有办法提高翻桌率以达到预估的来客数。

这就是餐饮里常提的坪效，每坪能产出的营业额有多少，这些都必须在开店前先计算出来。

举个例子：租一间30坪的店面，一个月租金是3万元，那么一坪月租金为1 000元。

10坪作为厨房空间，20坪作为营业空间，摆放30个座位，平日可以翻桌3轮，假日可以翻桌5轮，以客单价100元计算，平日营收约9 000元（按22天算），假日营收约15 000元（按8天算），一个月约可营收318 000元，318 000元÷30坪=10 600元/坪，即坪效为每坪10 600元，租金占比9.4%（一般合理租金占比为10%~12%，租金占比太高风险就会很高，但业态、策略不同，情况也会有所不同）。

所以当我们规划厨房空间与营业空间时，要先了解营业空间是否能创造出我们预估的获利坪效，也就是前面提的“可能性”问题。

这4点是当我们做出预估营收之后必须要更深入思考的问题，在尚未开店谈“经营”之前，如果没做好营业状况预估，并找到布局与租金都很合适的店面，那么之后就算经营得很辛苦也很难达到获利目标。

---

① 坪效，是我国台湾用来计算商场经营效益的指标，指的是每坪（1 坪约合 3.3 平方米）可以产出多少营业额。

为什么生意很好却还是赔钱?

有很多创业者辛苦经营却没办法改变赔钱的局面，原因就是一开始既没有做好财务评估，也没有找到合适的店面，财务无法平衡最终导致失败。

餐饮行业中，重要的不仅是后续的日常经营，前期的预估与评估也占了成功的一大半，不可不谨慎。

如何达成获利计划？

我们在这一堂课的最后做个总结。

1. 先计算出损益两平点：这是开店第一阶段一定要达成的目标，越慢达成付出的周转金就越多。达成损益两平点代表在财务上至少能摆脱入不敷出的状态，现金流开始为正。

2. 算出你的预估获利状况：这是你开店想要达成的获利目标。

3. 将月营收目标转化为日营收目标。

4. 从日营收目标预估时段来客数与客单价。

5. 找一家同类型的竞争店铺（找生意好的）做评估：观察以该店的生意量是否有办法达成你所预估的获利状况下的预估营收（统计竞争店铺的时段来客数），如果连你觉得生意很好的店都没办法达成你所设定的获利预估营收，那就要重新评估你所设定的获利营收的可达成性。这是为了确认自己的预估数据的可能性。

6. 你所设定的营业模式（堂食、外带、外卖比例）需要怎样的空间布局才有办法达成？布局与营业模式决定着你的“营收天花板”。

7. 工作空间与营业空间的比例决定座位数，座位数决定翻桌率，你经营的店铺的座位数与翻桌率是否有办法达成所设定的营业目标?

8. 店面租金与坪效预估，租金在餐饮行业的财务费用上属于固定费用，过高的租金与无法产生坪效的物件都会造成经营上的困难。

评估完店铺达成营收的可能性后，再换算成坪效，观察是否在合理比例范围内，如果坪效过低或租金比例过高，那么都不要勉强自己承租（初创者最容易心急，但好的店面不是那么容易出现的，好的店面可以提高创业成功的概率）。

2-3 我的产品定价多少才合适？

我如何设定店中各项产品的价格才能吸引顾客且保证盈利？哪些定价策略可供参考？如果要调整定价，又有哪些技巧可以使用？这一课将为大家一一解答。

不敢卖得比别人贵？

记得我刚开始创业的时候，因为担心定价太高不利于和对手竞争，所以基本都是看附近的店怎么卖，别人卖多少钱我们就卖同样的价钱，生怕定价太高，客人不愿意买单。

在创业初期，创业者很容易因为信心不足而不知道该怎么定价，或者定价过低而赔本，这些都会使创业越做越辛苦。

定价太高，顾客可以接受吗？定价太低，自己会亏本吗？我们需要学会如何定价。

定价时有哪些因素需要考虑？下面我就为大家一一解析。

定价策略1：我们满足了什么需求？

我喜欢用马斯洛需求层次理论来观察商业现象，这个理论用在定价上就表现为越能够满足上层的需求，价格就可以定得越高。

以人的需求来说，经济能力越强越希望满足更多的需求，所以层次越往上就代表了消费能力越强，相应地，商家要提供的服务就不能只是让顾客吃饱而已。

根据我在餐饮行业的观察与经验，针对不同需求层次要达到的服务水平有以下几种。

1. 定价在100元以下：吃饱即可

这个层次的消费者比较注重产品本身，他们的基本需求就是平价。只要服务员态度不要太差，产品味道可以，而且定价不要落差太大，能够满足填饱肚子与用餐速度（速食）的需求即可。

在这个价格区间销售的产品，以填饱肚子的需求为主，回购较多，但客单价较低，通常要以量取胜。

2. 定价在200元以上：与朋友聚餐

这个层次的消费者看重食材本身的品质，也在意服务是否符合预期。

在这个价格区间消费的顾客通常是为了与朋友吃饭应酬，所以在需求上除了产品本身外还会注重店铺整体环境与服务员的服务质量。

3. 定价在300元以上：要求气氛

通常定价在300元以上的餐厅，会开始主打一些较特殊日子的消费，或者是宣传偶而对自己好一点、吃好一点的概念。用餐者不仅更加讲究用餐氛围、产品特色、产品呈现的美观度，还会要求环境舒适、服务讲究。

所以要切入这个价格区间，除了产品本身以外，产品呈现度、服务员的服务质量、餐厅氛围都很关键，这就要求创业者判断自己是否有能力呈现出这个区间带的价值。

4. 定价在500~700元：有价值的服务

通常消费者在这个价格区间的餐厅用餐已经算是追求较高档的用餐体验了，用餐就是为了彰显自己的价值，或者是庆祝特别的日子，因此自然要求店家以非常高的标准去对待消费者，同时投资金额也较高，至少需要上千万元的投资才有能力使定价处于这个区间带。

5. 定价在1000元以上：彰显社会地位

定价在这个价格区间的餐厅属于高档餐厅，消费者要求的已经不只是吃饱（即产品本身），更深层次的需求是通过这样的消费来彰显自己的社会地位与价值，满足自我的虚荣心，所以在产品的呈现与整体的餐厅氛围和服务上，消费者要求的不只是舒适，甚至需要“浮夸”，这样才能彰显顾客的尊荣与高价值。

利用马斯洛需求层次理论可以了解在每一个定价策略背后需要满足的顾客需求，如果定价越高，相对应的顾客要求会越高，而且要能够满足相对应的价格区间的消费者心理需求，这样才有可能成功地经营下去。

定价策略2：成本定价法

成本定价法是比较常用的方法，一般来说我们会先试做产品，然后计算成本，最后按我们需要的毛利率做定价。

例如上一堂课我们分析过的报表，假设我们整体的毛利率需要达到60%，在定价时就要尽量将成本率控制在40%以下。

例如下页所示的成本分析表，分析了所有的食材成本后，加总的成本是23.975元，如果我们要取得60%的毛利率，则成本率为40%，就用23.975元÷40%≈59.94元，也就是说要取得60%的毛利率可以定价为60元。

<table>
<tr><th>商品名称</th><th colspan="3">总汇堡</th></tr>
<tr><td>商品编号</td><td>—</td><td rowspan="2">售价</td><td rowspan="2">60 元</td></tr>
<tr><td>制作日期</td><td>—</td></tr>
<tr><td colspan="4"></td></tr>
<tr><td>材料名称</td><td>单位</td><td>数量</td><td>价格</td></tr>
<tr><td>汉堡</td><td>个</td><td>1</td><td>4.5 元</td></tr>
<tr><td>沙拉</td><td>克</td><td>16</td><td>0.96 元</td></tr>
<tr><td>番茄酱</td><td>克</td><td>10</td><td>0.42 元</td></tr>
<tr><td>小黄瓜</td><td>克</td><td>10</td><td>0.42 元</td></tr>
<tr><td>美生菜</td><td>克</td><td>20</td><td>1.5 元</td></tr>
<tr><td>千岛酱</td><td>克</td><td>5</td><td>0.525 元</td></tr>
<tr><td>胡椒盐</td><td>克</td><td>0.5</td><td>0.11 元</td></tr>
<tr><td>黄金鸡排</td><td>片</td><td>1</td><td>7.33 元</td></tr>
<tr><td>奶酪</td><td>片</td><td>1</td><td>2.75 元</td></tr>
<tr><td>培根</td><td>片</td><td>1</td><td>2.93 元</td></tr>
<tr><td>油</td><td>克</td><td>2</td><td>0.16 元</td></tr>
<tr><td>炸油</td><td>份</td><td>1</td><td>1.6 元</td></tr>
<tr><td>汉堡袋</td><td>封</td><td>1</td><td>0.35 元</td></tr>
<tr><td>总计</td><td>—</td><td>—</td><td>23.975 元</td></tr>
<tr><td colspan="4"></td></tr>
<tr><td colspan="2">材料费</td><td colspan="2">23.975 元</td></tr>
<tr><td colspan="2">毛利额</td><td colspan="2">36.025 元</td></tr>
<tr><td colspan="2">成本率</td><td colspan="2">40%</td></tr>
<tr><td colspan="2">毛利率</td><td colspan="2">60.04%</td></tr>
</table>

这是我们比较常用的成本定价法。

但也不是利用成本加上我们要的毛利就一定能得出定价！还必须比较整体地呈现是否有“价值感”。

这部分比较抽象，但看起来越有价值感就越会让顾客觉得值得。这种价值感必须通过摆盘或者食材的搭配呈现出来，这也是我们在开发商品过程中的评估因素之一。

定价策略3：避免比价效应

其实价格是便宜还是昂贵都是被比较出来的，所以消费者都会通过比价，或者印象中产品的价值感，来判断你的定价是否合理。

在制作产品或者给产品命名时，其实可以减少出售与他人同性质的产品，或者跳脱一般的产品命名方式，这样就可以尽量避免比价效应，也更能够体现产品的差异化特色。

定价策略4：整体策略定价法

除了单品的定价方式外，还有整体策略定价法可以运用。

例如设计一个明星产品，利用明星产品来吸引顾客进店消费，这个明星产品的毛利率可能只有50%，但它只是为了

吸引顾客，即使毛利率低一点，但可以对店铺整体利润的提升起到拉动作用。

除此之外，还可以利用饮料、点心、套餐等产品来提升毛利水平。这些产品的毛利率有可能达到70%，所以整体平均毛利率还是可以达到60%，这也是可以运用的一种方法。

确定定价时，首先需要确定目标毛利是多少（损益两平与获利状况下的预估毛利），先制订出需要达到的目标毛利，接着进行产品定价。

给产品定价时要考虑竞争者定价与产品价值性的呈现（是否能满足顾客的心理需求），再来调整产品的整体定价策略。

定价要考量产品分级

创业者开始运营店铺之后，通常还必须根据产品的销售状况给产品分级。

产品分级	特点
A	高毛利、高销售
B	高毛利、低销售
	低毛利、高销售
C	低毛利、低销售

首先要了解不同产品的销售状况，把产品的销售排名列出来。接着观察销售得好的产品是否同时具备高毛利的条件，如果产品同时具备高

销售量与高毛利的条件（即A级产品），这个产品很有可能就是店里面的获利产品，我们必须针对这个产品加强销售。

如果产品的毛利高，但销售状况不怎么好，那就属于B级产品，要想办法提高其销售量，看其是否有潜力成为A级产品。

同为B级产品的还有低毛利、高销售量特性的产品，对这一类产品可以试着提高售价，观察售价提升后其销售量是否依然很高。

最后淘汰C级低毛利、低销售量的产品。这类产品的存在只会增加库存并使作业复杂，可以直接淘汰，再开发更高毛利的产品。

以上就是我们在运营的过程中可以用来调整运营体制的一些方法，目的是让毛利维持在较高的水平。

调整定价时的策略技巧

创业者如果担心售价调升会影响消费者的消费意愿，可以在调高售价后做一些优惠活动，这些优惠活动中的产品售价跟原本的定价差不多，主要是让消费者知道定价已经调整，但因为做了优惠活动所以售价还是跟之前差不多，慢慢地当大家都知道定价调整之后再取消优惠活动，减缓冲击。

另外，还可以先将产品下架，然后调整售价并重新命名，再次上架，将原本毛利不高的产品调高价格再测试销售状况，或许该产品也有机会成为A级产品。

微型创业适合的定价策略

劳力成本的提升与食品安全意识的加强导致食材成本提升是一个大趋势，所以整体来说开一家店的成本与费用都会不断提高，由此可知：

「

提升毛利率，是一个很重要的方向。

」

创业初期，如果创业者资本较少，能切入的都是属于满足生理需求层面的服务形态，也就是定价通常在100元以下的服务形态，这个定位的服务形态特性，就是必须要用来客数来弥补较低的客单价。

但也因为生理需求属于刚性需求（即一定存在的需求），所以只要掌握了消费者心理，做好产品，并做好评估再出发，通常成功率也较高。

因为越高端的市场虽然客单价越高，但相对应的顾客需求也需要硬件设施来支撑，例如较高端的装潢与设备，这部分对于刚开始创业并没有太多资金的微型创业者来说也是一个较高的门槛。

定价决定了我们的毛利，毛利决定了我们的净利，所以一个好的定价策略可以带来较高的毛利水平，这样经营起来也比较轻松。

2-4 怎么选择店面的位置？

做好了创业前的产品规划，那就要开始承租店面了。等等，别忘了店面租金是固定成本，每天都要固定消耗，而且店面地点也和你的营业额有很大的关系，所以这一课我要教你如何全面评估，选择正确的开店地点。

可以故意选租金便宜的地段开店吗？

当我们选好了要切入的市场层次，也做好了损益预估、菜单拟定与定价，接着就要挑选一间适合自己经营的店面。店面的选择在促使开店成功的因素中占了相当大的分量。

曾经有人问我，可不可以找租金低、偏僻一点的地方开店，再利用营销宣传来吸引客人。

其实市场上也有很多店开在偏僻的地方而生意却很好的案例，但通常这些店铺都有很强的特色来吸引客人，要么是因为其产品特色大到足以引起很强的口碑营销，又或者是老板的经营风格很特殊可以引起话题。拥有特色优势可能是因为经营者拥有很强的产品制作优势，又或者是因为其经营经验丰富。这样的案例都属于特殊案例。毕竟选在偏僻的地点开店最大的挑战是违反了消费者的消费习性。

选择有效商圈

在选择店面时要做的第一件事是针对一开始的客群定位寻找潜在的客群，并针对这些客群寻找商圈，然后在商圈中寻找可以开店的地点，我们称之为“立地”。

我们前面有提到在创业前评估机会成本是一个非常重要的步骤，机会成本包含了服务形态选择、店面布局选择，还有商圈选择。

例如：以商圈选择来说，店面开在每平方千米有10 000人与5 000人的地方，开店所需的费用可能是差不多的（因为装潢、施工、人事等费用可能都差不多），但每平方千米有10 000人与有5 000人的市场规模是不一样的。

实体店招待的大部分都是有效商圈范围内的顾客，所以商圈对实体店来说是一个很重要的选择。

什么叫作有效商圈?

有效商圈跟行业也有关系，换言之，如果站在一个消费者的角度来说：

> 消费什么样的商品？愿意跑到多远去消费？这就是基本的有效商圈。

以早餐店来说，有效商圈大概就是以其为圆心半径500米到1 000米的范围。试想自己是否会刻意跑到很远的地方去买早餐？假日或许会，但如果是家庭主妇要带小孩子出门，很可能只会在家附近购买，如果是上班族也可能会在家附近购买，或者在上班路上找一家早餐店买，这就是消费习性。

以消费习性来评估服务形态，然后划出可能的消费范围，就能找出自己店面有效商圈的范围了。

一般来说，如果撇除一定要将店开在自己家附近的因素来说，我们会建议将店开在机会成本高一点的地方，那么付出一样的努力其实投资报酬率却不太一样。

如何评估商圈的机会成本?

如何评估机会成本？创业初期在选择商圈时，创业者其实可以先调查附近区域的人口密度。

注意是人口密度而不是人口数哟！

因为如果该区域的面积很大，就算人口数量很多但人口密度不一定大。在人口较稀疏的状况下，店铺有效商圈范围内的潜在顾客也不一定多，所以寻找人口密度大的地方作为开店选择，机会比较大一点。

以每平方千米有20 000人的人口密度为例，如果20 000人当中有70%的人在外吃早餐，那么每天就有14 000人在外吃早餐，如果每人的早餐消费额为50元，那么一天的市场消费额就有70万元。

如果区域内有30家早餐店，那么每家可能有2万多元的市场分配额，但不是说开店就一定有2万元的日营收，只是有这种可能性。一定有店铺生意好也有店铺生意不好，生意好的店铺肯定会得到更多的市场份额，生意不好的店铺至少机会是较多的。

如果每平方千米的人口密度为5 000人，同样有70%的人在外吃早餐，也就是每天有3 500人在外吃早餐，一人消费50元，一天的市场消费额为175 000元，就算早餐店比较少，只有20家，一天的市场机会份额也只有8 750元，相较之下机会少很多。

如果创业者投资100万元来开店，将店开在人口密度大的地方和开在人口密度小的地方所能拥有的机会是不一样的。所以在创业前，商圈的选择是非常重要的。

调查商圈的竞争对手

当我们选择进入一个商圈之后，接下来要了解这个商圈内有哪些竞争对手。

竞争对手的设定通常有以下几个注意事项：

（1）客群属性。

（2）商品结构。

（3）价格区间。

（4）服务形态。

竞争对手不一定与自己的服务形态相同，例如：我是卖早餐的，锁定的顾客群体是上班族，商圈内的上班族除了在早餐店就餐以外，还有可能去麦当劳、7-11买早餐，所以这些店也是我的竞争对手。

相同营业时间里，我锁定的顾客群体会到其他地方消费来满足自己的需求，那么这些地方的早餐店都是我的竞争对手，我必须分析它们的商品结构、售价与经营策略，这样才有办法提高在商圈内的竞争优势，才有机会在商圈内存活。

分析商圈内的消费习性

通常我们在做商圈调查时，最重要的是关注该商圈的客群结构与消费习性，也就是要了解在商圈里面的人有哪些，通常在什么时间点会发生消费行为？消费人群怎么流动？这些都会影响我们店面地址的选择。

举个例子：假设我们的服务形态是做简餐，想要把店开在商业区里，那么就该分析一下商业区上班族的午、晚餐消费习性。

案例1：上班族午餐消费习性分析

上班族中午的休息时间大部分是12点到1点（或1点半），哪些因素会影响上班族用餐地点的选择呢?

（1）从办公室到餐厅的距离。

（2）餐厅的出餐速度。

（3）餐品的价格。

我们来分析一下为什么这些因素会影响上班族用餐地点的选择。

一般来说，上班族中午休息时间只有一个小时到一个半小时，也就是说扣除吃饭时间后才算是真正的休息时间，用餐时间越长表示休息时间越短，所以上班族会尽可能地缩短用餐时间，让休息时间长一点。

假设从办公室到餐厅要花10分钟，点餐到出餐花10分钟，用餐花15分钟，走回办公室再花10分钟，如果休息时间只有1个小时，表示只剩15分钟可以休息。如果你的餐厅开在上班族只花5分钟就可以到达的地方会比较吃香，若开在上班族花15分钟才能到达的地方就可能完全不会被选择。同样地，出餐时间10分钟与15分钟的区别也会影响上班族下一次的消费决定。

上班族中午用餐通常要求节省时间，也就是为了填饱肚子而不是享受氛围，对用餐价格也会有一定要求。这些都会影响上班族的消费决定。

案例2：上班族晚餐消费习性分析

上班族在下班后有较多的时间可以用餐，所以如果是在10分钟至20

分钟内可以到达的，或者是开在下班路线上的餐厅，通常都会被上班族选择。

工作了一整天，上班族有时会想利用晚餐来解压，把工作上的压力与不满的情绪通过吃来宣泄，因此愿意多花一点钱。所以他们除了对食物本身有要求之外，还要求就餐环境最好能够帮助舒缓压力，对价格的预算也会高一点，想要通过吃来好好地放松一下。

所以在选择商圈时，要通过这样的思考来调整自己的服务形态与经营策略。例如：中午争取提供外卖服务，缩短上班族的用餐时间，可以把简餐改变为便当类去争取上班族的午餐市场；晚餐可以利用店内的氛围与服务吸引顾客下班来消费，这样就可以满足两个时段的消费需求。

这是在经营时从服务形态、客群、消费习性到商圈选择与策略拟定的整体思考，也唯有经过这样的思考，后续才能根据商圈状况做调整，才有办法让店铺生存下来。

主商圈、次商圈、边缘商圈

商圈选择因行业不同而有所不同，主要还是跟“消费习性”有关系，如百货公司设点跟小型早餐店设点的选择方式就不太一样。

商圈分为主商圈（第一商圈）、次商圈（第二商圈）、边缘商圈（第三商圈）。

主商圈

主商圈的消费习性以方便为主，范围是消费者走路约10分钟可以到达的地点。

如果我们开的店要以方便为一个诉求点，那就要去调查主商圈内的人口数量、人口结构（年龄、职业）、消费动态，然后选定一个区域开始寻找合适的开店地点。一般来说，小型店会辐射半径500～1 000米的范围，这个范围内的人口状况就是我们评估的参考因素。

次商圈

次商圈为第二商圈，范围是需要消费者骑电动车5～10分钟才能到达的地点。如果要吸引第二商圈的客群，差异性与特殊性必须更突出，在商品、服务上，这些差异性必须有话题性，从而产生口碑效应，这样才能吸引第二商圈的客群来消费。

因此如果商品或服务的差异性大，能够引起口碑效应，就有机会争取第二商圈的客群，店铺就可能有更多的收益，也代表能争取到更大的市场。

边缘商圈

边缘商圈属于第三商圈，范围是开车要花10分钟以上才能到达的地点。除非有特殊的利益点，或者是店铺的特殊性真的够强，才有办法将商圈效应扩大到第三商圈范围。如果能把口碑效应扩大到第三商圈范围，使顾客闻名而来，你的店铺就有机会成为名店。

如何画出商圈分析地图？

在选择商圈后，如果看到不错的地点，可以试着在地图上画出商圈范围。

我们要把附近的住宅大楼、商办大楼、具有集客性的单位（邮局、学校、医院、公园）和竞争对手等都标注出来。

这样做的意义是弄清楚我们的潜在顾客在哪里。可以用这样的商圈地图将已开发、未开发地点清楚地标示出来，又或者记录下开发不同区域的时间点，以此做商圈的深耕与经营。

开始选择店面：阳面与阴面

当我们决定好商圈范围之后并不意味着结束，选择商圈代表的是选择一个有市场的地方做生意，然后通过商圈分析先思考战略，毕竟有市场后，努力的成效更显著。

并非努力就可以成功创业的，必须要在有成功条件的状况下努力才会成功，所以做好商圈评估是为了让自己拿到创业存活的第一把钥匙，而且是很重要的钥匙。选完商圈后，还必须在商圈里选一个好地点，那样成功的机率才会更大。

我们先了解阳面与阴面的概念。

前面有说明开店很重要的一个要素就是消费习性，所有创业者都必须了解顾客的消费习性，掌握消费习性才能够得到更多的市场份额。

我们用下图来说明阳面与阴面的差异。假设在商圈内左边为住宅区，右边为商业区。早上人流是从左边往右边移动，所以下方箭头属于阳面，上方箭头属于阴面；反之，下班时人流从右边的商业区往左边的住宅区移动，所以下班时段上方箭头属于阳面，下方箭头属于阴面。

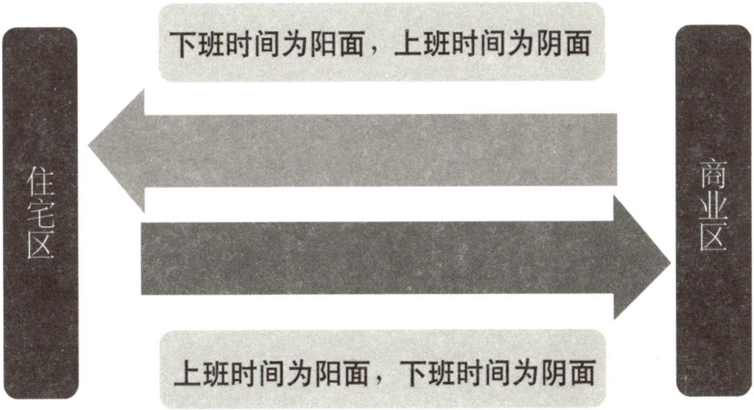

因此，如果你选择开早餐店，要开在下方箭头那条线路上才对！如果你选择开晚餐店，就要开在上方箭头那条线路上。

2-5 如何设计店面的品牌形象？

微型创业者虽然资金不足，一开始无法像大品牌那样经营品牌形象，但也不能不定位好自己的品牌风格，这样才可以逐步改变，发展品牌故事，这是任何创业者都必须学习的。

在我们决定要开一家店时，还有一个很重要的过程，就是要设计我们的Logo（标志）、店内的装修风格与一些宣传品，这些设计不只是请美工完成就可以的。

大部分创业者可能会请美工帮忙设计一个有设计感的Logo当招牌，而我们当初只是用几张A4纸印上名字贴在亚克力板上当招牌用。这些都属于比较简单的方式。如果有预算，或者未来有机会能够进一步地优化自己的品牌形象，有些方面是需要注意的，这些方面必须在跟设计师洽谈时，请设计师协助完成。

深层次的品牌形象必须从企业的愿景与使命谈起，然后找到市场的定位，发展整体品牌策略。但对于一个刚进入市场的创业者来说，虽然一开始不用做到那么深入，但还是必须考虑自己想要创立的品牌，或者想要创立的店是什么样子的，要赋予它什么样的品牌DNA，这些都是可以提前思考并且与设计师沟通的部分。

回到创业初衷，谈品牌设计

当我们要发展一项事业时，必须回到初衷上，去思考自己做这件事情对于顾客、社会有什么样的帮助或者可以解决什么样的问题。

> 其实谈创业基本上就是谈论如何满足需求与解决问题。

你为什么要开这家店？为什么要做这个品牌？这是在经营一家店或一个品牌时必须要思考的核心问题。

创业者一般不会想那么多，只想做个小生意，但也就是因为如此才会找不到自己的价值所在，无法做出价值诉求，或者无法与市场产生差异化。

通常当我们因为某种原因而想要做一件事时，那个念头就是我们的初衷，而这个初衷往往就代表了我们这家店或者这个品牌的核心价值，是我们可以拿来与市场做沟通的要素之一，所以开店的初衷很重要。

当这样的初衷经过思考被塑造出来后，就要开始思考我所提供的服务或者产品适合什么样的人？又或者说我想把产品卖给谁？这跟我们前面谈的市场定位是一样的。

当这几个定位确定下来后，想要呈现的风格会慢慢地出现，店铺的基本意象就会慢慢地建立起来，这时才有办法与设计师沟通。

一个好的品牌设计师，有办法协助你从定位联想出元素，协助你塑造你的品牌风格与跟顾客沟通的要素，让你的店拥有自己的风格。

微型创业者初次创业也要知道品牌设计

品牌设计是一门很深的学问，必须深入地钻研，对于初次创业者来说或许太过深入，但如果事先对品牌设计形成一些基础的理解就能更好地与设计师沟通，从而设计出符合你想法的品牌形象。

这其中最核心的问题就是设计出来的风格能够吸引你的潜在顾客的注意或者说能被他们喜欢，仅仅是你自己喜欢还不够，必须要让你的潜在顾客注意到并喜欢上这个设计，才算取得了开店的初步成功。

品牌深度的建立要靠后续的经营将品牌的价值传播给更多的顾客，从而让消费者群体对你的品牌、你的店、你的产品有印象，并且认定这个品牌，愿意重复与指定性地消费，这样品牌价值才算是被市场认同了。

品牌设计内容大概有以下8个项目：

（1）品牌设计理念与概念说明。

（2）从品牌设计理念发展出的Logo设计概念。

（3）品牌标准色系的使用。

（4）品牌标志的使用尺寸与应用。

（5）品牌标准字。

（6）整体形象设计（店面形象、各式招牌形象、制服）。

（7）一般事务用品设计（名片、包装材料）。

（8）广告宣传品设计（菜单、活动DM广告等）。

在设计品牌形象上，其实我们自己也交了不少的学费，设计师的专业性影响了整个品牌的质感与输出效果，但越完整、越有质感的品牌设计费用相对也就越高。对于微型创业者来说，先求有再求好，品牌的形成不单单只注重设计面，还有商品面、服务面与营销面，这些都是可以努力改善的地方。

不忘初衷，逐步改变，发展品牌故事

当资金充裕一点时，还可以做第二次品牌形象规划，这也是维持品牌话题以及避免品牌老化的一种方式。但回到核心点上，经营者自身对于品牌的想法，对于品牌想要传达给市场的想法，才是一家店与其所建立的品牌的基本核心价值。

从品牌的核心价值与经营者的核心理念出发，与市场沟通，慢慢地发展出属于自己的真实品牌故事，这样就会让这个品牌更真实并且更有价值，也是较适合微型创业者的一种方法。务实地去建立自己的品牌价值与故事，获取市场认同，这样更扎实，也能让品牌走得更长远。

注意品牌商标是否已被注册

在取店名之前记得先在相关网站查询你想取的名字是否已经有人使用。建议花点钱，向专业的商标公司请教如何申请，自己申请虽然可以省下一笔钱，但如果申请资料填得不好被退回，就会花更多的时间在整理这些资料上。请商标公司办理相关事务时也可以向他们咨询一些商标方面的问题。

2-6 开店后应该如何做开业促销？

店铺开门营业，不代表生意会自动跑进来。我们开新店，一定要想办法吸引第一批客户，通常就是利用开业促销。开业促销不能乱做，要谨慎，要不然可能反而可能再也没有回头客。

开店后客人不会自动上门消费

做了很多准备，也准备要开业了，但客人在哪里？店开了就会有客人上门消费吗？

创业当然没有想象中那么简单，这几年我与很多想要创业的朋友聊天，发现很多人总以为只要店开了，客人就会自己上门，实际开店后才发现事情跟想象中差异甚大，怎么会没有客人？店开了几个月，周转金用光了，最后认赔退出，几个月就把辛苦积累下的存款给亏光了。

开店前的准备不只是找好设计师，花钱施工，把店装修得漂漂亮亮，然后等客人自己上门消费。每次与想要创业的朋友分享经验时我都会说，店铺刚开始营业其实是不会有客人的，如果一开店就有客人，那也只是运气好。有些人完全不懂经营的知识，以为开店之后生意就会很好，会自然迈向成功，这样的创业想法其实充满了危险性。

所以这一堂课我们要来谈谈创业者在准备开店之前还有哪些要了解与准备的。拟定好开店策略，再踏上创业之旅。

营业额组成第一要件：开发潜在顾客

在开店之前，我们要先了解营业额的组成因素。

一般我们知道“营业额 = 来客数 × 客单价”这一个公式。

在前面提到的市场分析、定位还有商圈评估中，一个很重要的概念就是我们必须要知道怎样的顾客会来我们的店消费？有哪些人会成为我们的顾客？也就是我们所说的潜在客群。所以当一家店的定位出来后，就可以开始寻找有潜在客群的商圈开店，这些是我们开店前要先了解的。

当找到潜在客群后，我们要思考的第一件事是：如何让这些潜在顾客成为我们的新顾客？

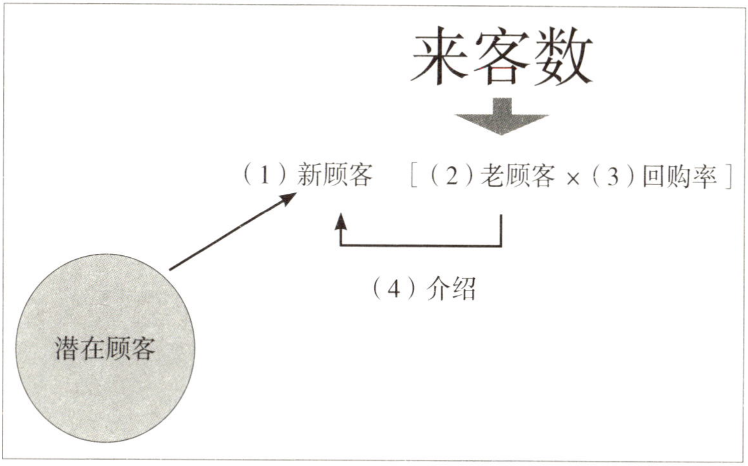

了解开业促销的真正目的

一般店铺开业时会做一个开业促销，这是很常见的营销方法，就是利用促销的方式吸引商圈内潜在顾客的注意，让他们进店尝鲜。这种营销方式的主要目的是吸引商圈内客群的注意并第一次进店消费。

但这里有一个很重要的区别需要引起注意，就是选择促销到底是为了吸引“捡便宜”的客人，还是为了吸引“你真正想要”的客人。

很多营销手法都是利用大打折扣的促销活动来吸引消费者的目光，让消费者尝鲜。这种方法在刚开业时或许有用，但创业者更需要做的是在利用这种方法让顾客第一次上门时认识到店铺的品牌或者产品价值。

不要让顾客捡完便宜然后什么也没了解就离开了，顾客因为便宜而来就会因为便宜而去（促销结束后，他们就不来了）。最后吸引顾客的只是价格便宜，而不是这家店的价值。

所以刚开始吸引第一批客人的时候可以使用促销的方式，但务必在第一次促销时尽可能地让顾客了解我们的产品与品牌价值，让更多的客人了解价值，后续才有可能出现回购。

创业者千万不要认为开业时通过大量促销吸引很多人上门就万事大吉了，以为生意每天都会这样好，当促销完之后会发现那些人都不见了，这时候考验才真正开始。

这里再强调一次，开业促销的目的在于：

在商圈中产生话题，吸引顾客的注意，让潜在顾客产生第一次消费，但我们开店最主要的目的是传递我们的产品价值与品牌价值。

所以即便一开始使用促销手法也必须尽可能地在顾客上门消费时做“价值传递”的动作，这样促销活动结束后出现回购的可能性才比较大，不然促销活动结束也代表着生意的结束。

开业促销前一定要注意团队准备

开店前的团队准备，是保证开业促销过后还能持续有生意的关键。开店之前的团队训练与对产品操作的熟练度、整个团队的协调性与配合默契度，都会影响开业时的服务水平。

一个简单的思考逻辑：如果你的产品制作流程还没有跑得很顺畅，员工之间没有合作过，对于突然涌进的顾客没有足够的处理经验，那么开业的时候顾客的消费体验一定是不好的！

开业活动如果力道太强，吸引了很多人上门，结果消费者的体验都是不好的，那么后续顾客再次上门的可能性就会小很多，而且必须用更多的成本来挽回顾客。

如果没有任何的开店经验或者餐饮经验，开业时并不适合做太大的促销活动。建议以循序渐进的方式慢慢加强营销力度。一开始先把团队默契给培养起来，使制作流程能够顺利进行，并且快速地发现并改善存在的问题，最后慢慢地加大营销力度。

2–7

通过派发传单开发新顾客有效果吗？

很多人平常可能不太注意路上发的传单，于是当自己开店时，也觉得发传单没效果，但真的是这样吗？其实在开发与经营实体店时，这种看似传统的手段，却是一个能帮你找到新客户的非常有效的方法。

实体店经营中最重要的事，莫过于对商圈的开发与经营。

开一家实体店，顾客有相当高的比例来自于商圈内，但并不是商圈内的所有人都会知道有一家新店开业了。

以我自己的经验来说，我本身是素食者，五年前搬到新家，偶然间发现一家开了很久的素食店，而我居然时隔五年才知道那里有一家店。如果那家素食店有定期做商圈的开发，或许它就可以多做我五年的生意了，想想是不是有点可惜？

所以我们一定要学会开发商圈，商圈开发通常有下列几种方式。

利用宣传车开发商圈

宣传车较适合在有大型活动（例如开业活动、周年庆）时使用，因为办活动的时间较短，需要尽快将信息传递出去以让活动能够成功开展。

由于宣传车较容易产生噪声污染，如果太频繁使用反而会降低顾客对店铺的好感度，所以使用频率不能太高。

发传单来开发商圈

很多人对发传单的效果存在疑虑。但以我的经验，发传单是开店做商圈经营最有效的一种方式！

做广告宣传时，虽然不太可能让每一个人都仔细去看我们的广告信息，但是如果每发100张传单，有一两个人因为看到传单而认识了我们的店，然后产生兴趣愿意上门消费，这100张传单的成本就回来了。

即便第一次拿到传单的人未必会马上进店消费，但至少他对我们的店有了认识，有了认识就会有印象，当一次、两次收到传单后有可能第三次就会上门消费。又或许当他拿到传单时没有消费需求，但当他有一天突然有需求时，第一个想到的会是我们的店，这样也算成功了，这才是商圈开发真正的意义。

不要想着发一两次传单，店里就会高朋满座，商圈开发

是持续的日常事务，也是很多开店的创业者执行力度最弱的地方！当商圈内的竞争对手大量地发传单，而你不去发时，机会自然就是别人的。

如果发一张传单的成本是0.5元，并假设每发100张传单能够开发一位顾客，每一位顾客愿意到店消费100元，那其实发这100张传单的成本就打平了，还赚到了广告效益。

还有一些发传单的方式与技巧，下面一一给大家介绍。

（1）与大楼合作：通常我们都会选定商圈内的一些住宅大楼与商业大楼，一次放一叠传单，让住户或者办公的人拿。也可以跟大楼管委会合作，给该栋住户或工作人员优惠价，利用这样的合作方式来开发大楼顾客。

（2）塞信箱：有一些公寓大楼没有管理室，只有信箱桶，这时就可以以信箱桶为目标，集中派发传单。

（3）挨家挨户拜访：挨家挨户拜访其实是最有效的方式，因为人总是见面三分情，这种开发方式的成交机率最高，有时候发完传单回到店里，对方有可能就打电话订购了。

（4）使用截角优惠：传单上可设计一些优惠兑换券，吸引潜在顾客进店消费。但还是要尽可能地在传单上体现店的价值诉求，利用一些独特的卖点来吸引目标顾客，这样达到的效果会比用优惠券更好。

发传单的效果差异大多在于发的人的心态与态度。我们发传单时要调整心态，因为我们在卖的不只是店里的商品而已，而是在卖一个创业者的态度。在顾客面前要展现出我们很想为他服务的那种感觉，营造出亲切感，传递一种柔软的态度。

商圈开发的正确观念：量，很重要

发传单是商圈开发中很重要的一环，然而许多人觉得发传单没有效果，又或者觉得辛苦而不愿意去发，但在我们的经营经验中，发传单对于商圈的开发还是非常有用的，关键在于观念上的转换。

当我们要开一家店时，假设每天的来客数需要达到100个，那怎么吸引这100位顾客来消费呢？

我还是要重述一个观念，当我们选择一个商圈与地点要开店了，在完全没有人“知道”与“认识”的状况下是不会有顾客的！所以如果刚开店时不做宣传，很有可能会经历一段很惨淡的日子。

那么怎么吸引顾客来消费呢？首先一定要让他们“知道”这家店，这可以通过前面谈到的几种方式来达成。下面我们以发传单为例来分析其中的原理。

我们设定了每天要有100位顾客来消费，刚开始这100位顾客当中一定是新顾客的比例比较高，我们该怎么获得首批100位新顾客？如果我们每发出100张传单会有1位顾客因为传单而来，也就是说转换率是1%，那么要招揽100位顾客，我们就要发出10 000张传单。

所以如何快速招揽到首批100位顾客上门跟发传单的数量有很大的关系。

如果第二天同样要有100位顾客，情况会有点不同，若是我们的产品、服务都很到位，首批100位顾客当中很有可能会留下一部分。我们先假设首批100位顾客当中留下了30位顾客（这30位就是老顾客，开始出现回购），那么还要补70位新顾客，以1%的转换率来说，必须再发出7 000

张传单。

第二天的100位顾客当中有30位是老顾客，70位是新顾客。假设70位新顾客当中又留下了25位成为老顾客，那么老顾客总共就有55位。

同样地，第三天如果要再有100位顾客，那就是除原本的55位老顾客外还需要45位新顾客，必须再发出4 500张传单。

第三天45位新顾客中15人变成老顾客，那老顾客就有70位。

第四天必须发出3 000张传单争取得到30位新顾客。

这样算下来，总共要发出的传单数量就是24 500张（10 000+7 000+4 500+3 000）。

这个数字只是个大概值，主要是想让大家了解至少要派发这么多的传单才有可能保证每天的来客数。这里计算的顾客留存比例都还算高，如果老顾客留存比例不高，那传单派发的数量必须再提高。

发传单最主要的目的是以最快的速度让商圈的顾客知道我们在这里开店，并且通过一次次传单的接触去认识店铺，甚至认识你个人。唯有快速跟商圈内的顾客熟识才有更多的机会在创业初期得以存活。

还要提醒大家的是：

（1）不要认为刚开店就会有顾客上门，其实在还没被“知道”与“认识”之前是不会有顾客的。

（2）刚开店时要非常积极地开发新顾客，要快速达到损益两平，积极程度非常重要。

（3）要提升新顾客转为老顾客的比率。

（4）没有足够的老顾客作为基底支撑，就无法达到每日的来客数目标。

发传单的有效传播技巧

要一次性在整个商圈内发传单让所有人知道是不太可能的，与其一次性发大量传单之后再也不发，更好的方式是建立发传单的传播地图，切割商圈内区域，然后一个区域一个区域地去发。

例如：这周周一、周二、周三发A区，周四、周五、周六发B区，下周周一、周二、周三发C区，以此类推，发完一个商圈所需的时间大概是三周。再重复这样的过程去发，效果就会慢慢表现出来，尤其刚开店时一定要高频率地派发传单，不能只是在店里等客人上门。

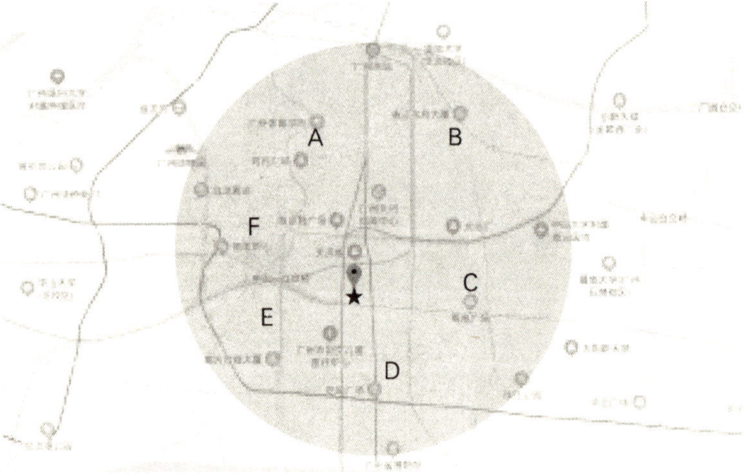

传单广告也可以行业“结盟”

商圈内一定有耕耘了很久的其他行业的店铺，它们已经有了稳定的客群。虽然行业不相同，但目标客群可能是一样的，可以跟这些店铺洽谈合作。例如：互相投放广告，又或者规定对方的消费凭据（发票或者优惠券）可以拿来自己的店换优惠，用这样的方式增加自己店铺的曝光度。

这些都是我们可以用来开发潜在顾客的方法。

网络传单：使用社群营销经营潜在顾客

现在是网络与社群的时代，关于如何使用网络与社群去经营潜在客户群，甚至利用自媒体与广告投放的概念来经营潜在客户群，对于现在的实体店来说也变得非常重要，往后我们会谈到完整的实体店数字营销概念。利用数字化工具来增强店面经营的能力，也是现代创业者必须要学习的一门课。

现代消费者在做用餐选择时通常会习惯性地上网去搜索，所以店铺和产品能否在网络上被搜索到就变得很关键。如果产品力够强，有自媒体愿意主动帮忙撰写文章宣传自然是最好的，还可以主动出击，邀请自媒体来体验产品并撰写宣传文章。

自媒体的邀约方式分为有酬邀约与无酬邀约。有酬邀约一般根据流量确定费用。无酬邀约就是通过提供一些体验或者试吃，以产品作为酬劳来邀约，这就看自媒体愿不愿意接案。

另外，还可以直接找专业做口碑营销的公司。通常这类口碑营销公司有固定的合作自媒体，也会提供较标准的报价与有效的方案，例如多少费用提供多少篇文章，可以保证有多少流量与曝光量等。

在选择自媒体时也可以先了解自媒体本身的社群营销操作，毕竟现在是社群时代，除了看其内容经营之外，还要看其粉丝经营情况，如是否与粉丝互动良好，粉丝的黏性高不高。如果其各方面的经营都不错，这笔预算就能帮助你更快地曝光，开发更多的潜在客户。

自媒体营销其实就是网络时代的另一种形式的派发传单。但是别忘了，实体商圈的纸质传单依然是非常有效且实际的宣传方法。

2-8

如何经营一家店的老顾客与口碑?

开店经营后，成本最低的业绩增长方法就是用心地经营你的老顾客。为什么这么说? 又该如何经营? 这一堂课中，我将根据自己的经验，为大家一一解答。

开发老顾客是更划算的生意

营业额提升组成的另一个重点：将新顾客转换为老顾客。

创业经营或者说经营生意，创业者能够有稳定的收入来持平支出，靠的绝对是顾客愿意再次上门消费成为老顾客，唯有老顾客够多，店铺经营才会比较稳定，也才能真正赚钱！

只有选择在观光区开店，做“一次性”生意，才有可能每天都接待不同面孔的新顾客，不然开店做生意做的都会是老顾客的生意。

要明白，开发新顾客的成本是经营老顾客的5倍以上。

例如：前面有提到如果发100张传单可以吸引一位新顾客上门，一张传单0.5元，那开发一位新顾客的成本差不多是50元，但为了吸引老顾客再次上门回购，我们只需要给他一点小优惠，成本可能不到10元，比较之下成本就相差约4倍了。

新顾客与老顾客的差异在哪里?

一位潜在顾客愿意上门购买的流程为：知道→认识→感兴趣→实际购买，这背后的影响因素是信任。

要快速地让一个原本不认识品牌的人从知道品牌的存在，进而认识品牌，对品牌产生兴趣，到最后愿意破除内心的疑虑，产生信任，进入门店消费，这当中的信任感取得能力就是关键。因为没有人希望自己的消费是“踩雷”，所以解除消费者心中的疑惑点是每一位经营者必做的功课。

而老顾客因为已经购买过产品，心中对品牌的信任感已经建立，让他们再次回购的成本比开发新顾客相对也会低很多。

所以当新顾客很愿意相信并且进入店里消费之后，如何吸引他们再次上门消费变为老顾客就显得格外重要。这也是让我们回本的关键。

一位新顾客如何变成老顾客？

要让新顾客变成老顾客，有几个关键因素。

1. 产品是否符合预期

产品力是关键，产品本身是否有特色、是否符合顾客对价格与使用结果的预期，都决定了顾客是否愿意再次上门。

2. 服务性

从进门到点餐、用餐的整个服务流程，要使顾客觉得舒服，但不一定要很高端的那种舒适感，只需要符合你的品牌定位即可。

例如：我们开的是早餐店，早餐店的服务不像餐厅那样毕恭毕敬，而是要有活力和亲切感，要有能够跟顾客聊上两句、把每位顾客都当成邻居的那种气氛，利用这样的服务让顾客感到宾至如归，就能达到我们这家店定位的服务性。

3. 出餐速度

影响出餐速度的关键点有：

（1）员工对于产品操作的熟练度。

（2）菜单的设计。菜单的设计会影响做餐的复杂度与流畅度，这是许多创业者无法提升出餐速度的一个关键点。

（3）动线的安排。动线安排得不好会造成人力的浪费，即必须利用更多的人去做事，从而导致人事成本过高而侵蚀掉利润。

4. 用餐氛围的塑造

现在的消费者在做用餐选择时，除了考虑产品本身的口碑外，还十分注重用餐环境。如果能做到顾客愿意在店内拍照，主动帮忙做口碑营销，那店铺就能更加快速地发展。

在用餐氛围的塑造上，如果能搭配品牌所要呈现的风格与诉求，结合空间做整体的传达，让消费者了解自己想要传达的含义，相信能够获得消费者的高度认同从而使他们愿意支持与分享。

5. 人员的训练所营造出来的氛围

服务业是高度依赖人的行业，需要多人协作做好服务。实际经验告诉我，服务人员所营造出来的氛围对顾客是否愿意再次上门消费的影响非常大。

但要营造好的服务氛围并不是简单地要求员工做到标准化的流程而已，其中的关键是：

> 创业者如何营造良好的内部工作氛围，通过良好的内部工作氛围去产生好的服务氛围。比较难的是如何在快乐的内部工作氛围与好的服务氛围之间找到一个平衡。

有时创业者希望让员工有个快乐的工作环境，所以创业者与员工间会有良好的互动。但太过良好的互动容易变成嬉戏打闹，反而没有照顾到顾客，让顾客产生与店内氛围隔离的感觉，以为工作人员不认真，产生不好的消费体验，这样的体验就会影响顾客再次上门的意愿，这部分也是创业者要特别留意的。

如何提升老顾客的回购率？

开店到一定阶段后，实际营收贡献大多来自于老顾客的回购。因为老顾客对店铺已经有了认识与印象，信任度也较高，维持老顾客的成本相对于开发新顾客比较低，所以经营好老顾客并提高他们的回购率在店铺经营中是一门很重要的功课。

谈到回购率就涉及顾客关系管理。老顾客经营得好，原则上店铺的经营会越来越稳定，但该怎么经营老顾客？

在过去零售业的经营中，通常管理顾客关系就是通过加入会员的方式取得顾客的电话或者地址，然后使用短信息或者邮件传信息给顾客，定期寄发优惠券或者告知顾客新产品上市，让顾客产生回购意愿。这样的模式大部分发生在零售业或者较大型的餐饮业，有规模一点的企业才会有会员系统。

在做顾客关系管理时，有一个很重要的步骤，我们称之为资料获取。但现在保护个人隐私的意识比较强，在取得资料前必须获得顾客同意，资料获取变得没那么容易。

但这几年社交媒体开始盛行，微博、微信公众号等有了粉丝群体。现在开店的人都知道要去经营粉丝，但大家有没有想过为什么？

大家其实都知道经营粉丝就是要邀请粉丝来点赞，通过粉丝群告知大家店铺的最新信息。其实这就是顾客关系管理的一种方式，只是经营粉丝群也有许多技巧，现在比较流行的一种营销方式是社群营销。

过去的小型餐饮店比较少做到顾客关系管理，一方面是因为不了解顾客关系管理是什么，另一个方面是没有好的工具协助。

顾客关系管理其实就是经营与顾客间的关系。过去的店铺经营通常都是打开店门等顾客来，然后服务顾客，顾客走了其实也不知道怎么让他再回来，通常也联系不到顾客。这种情况下，想要提高顾客回购率就比较困难。

所以取得顾客的联系方式就会变得很重要，不一定是让顾客留电话号码。在现在快速发展的网络时代，我们可以通过网络来管理顾客关系，将我们要传达的信息通过网络传达给顾客，这是现在很常用的方式。

不上门也能经营顾客的载体

所谓的载体，就是顾客即便没有上门，我们也可以通过这个载体维系与顾客间的关系的工具，例如微信群、微博等。

在这类平台上聚集了一定数量的粉丝后，我们可以很便捷地将店铺信息传递给他们，例如优惠活动、新品上市、店内公告等。当这些顾客收到我们的信息后，就有可能产生回购。

如果顾客关系管理得好，新顾客的开发成本也会下降，顾客的“终身价值”也会提升。

顾客的“终身价值”是指一位顾客这辈子在你这家店消费的金额。

例如：一位顾客有可能这辈子会在你的店消费10年，平均一个月去一次，一次的消费金额是1 000元，那么一年去12次就会消费

12 000元，10年就是120 000元。因此这位顾客的“终身价值”就是120 000元。

如果我们想办法让他一年的来店消费次数从12次提升到15次，那么顾客的终身价值就会从120 000元提升到150 000元，这就是顾客关系管理的重要性。

提升回购的一些活动包括：

（1）提供赠品，做集点活动。

（2）推出新产品。

还可以设计一些规则引导顾客提前购买，例如咖啡第二杯半价，这次喝不完可以寄杯，下次来再使用（目的是利用寄杯缩短他的购买周期）。

口碑：让顾客替我们做转介绍

“转介绍”一词顾名思义就是顾客愿意推荐他的朋友到你的店里消费，这就是所谓的口碑。

顾客如果愿意主动分享并且介绍朋友到店里消费，这种效果是最好的。

朋友的介绍与体验常常会成为我们消费的重要依据，因为我们信任朋友。在品牌与消费者之间还没建立起信任前，顾客的口碑产生的影响力远远大于其他的营销方式。

口碑营销虽然是最有效的营销方式，但需要花一点时间来经营。传统的口碑营销就是靠着顾客自发地帮忙介绍，现在的口碑营销除了顾客自发介绍外，还可以通过一些方式来主动出击，创造店铺口碑，下面我们来分享一些方法。

1. 利用亲切感与顾客快速拉近距离，并直接要求帮忙介绍

开店做生意每天都在与顾客实质接触，而接触中最容易感受到的就是有没有亲切感，这是在做店铺工作人员培训时很重要的一环。如果经营者本身很容易跟陌生人快速地建立起亲切感，那生意就容易较快地做大。

顾客上门时的寒暄是必不可少的，如果服务的年龄层较高，那么是否会讲方言也会影响亲切感的建立。再者，与顾客的互动不要太僵化，如果顾客聊得来就与他聊上两句。例如我们卖早餐时会用一些较常用的句子：你要去上班吗？今天天气很冷哦！你是带小朋友去上课吗？

利用这样的句子可以打开话题或破解等待时的僵局。如果在顾客等候的时候跟他聊上两句，就会让他觉得没有等太久，还能更深入地了解他的状况（例如，家里有几个小朋友，东西是买给谁吃的）。当能够深入了解顾客状况，他就会信任你，也就比较容易帮忙做转介绍。如果遇到热心的顾客，你可以多开口请他帮忙介绍，有时送他们一个小礼物他们就会很愿意帮忙介绍。

2. 雇自媒体写宣传文章

新媒体营销也算是一种行之有效的营销方式，但找自媒体合作还是有一些需要注意的地方，尤其在社交媒体时代，除了平台本身的流量外，是否同时在经营粉丝群、是否拥有粉丝影响力也是选择与自媒体合作的一个参考依据。

自媒体写的文章通常有两种类型：日常文章与付费文章。

日常文章：这是自媒体自己主动找题材撰写的文章，他们希望借由

一些特殊亮点来为自己的平台吸引流量。自媒体通常都会高度关注某个议题，然后通过撰写文章来分享，渐渐地培养出对这个议题有兴趣的读者，所以自媒体很关键的一个平台定位就是“拥有议题相关的忠实粉丝”。

如果觉得自己的产品非常有卖点，可以吸引自媒体无偿帮你撰文，可以尝试招待自媒体试吃产品，然后询问其是否愿意帮忙撰文。有些自媒体试吃后觉得产品不错的话，就不会收撰文费用了。

付费文章：自媒体其实也是一种行业，当自媒体影响力够大，自然能利用其影响力来帮助商家做推荐介绍，也就是所谓的“业配文”。但是“业配文”的撰写如何在商业与粉丝间取得平衡是自媒体自身重要的一门功课，因为如果介绍的东西不够好，粉丝就会丧失对自媒体的信任感。所以有些自媒体在选择收费写“业配文”时会特别小心，因为他们“卖”的就是粉丝的信任感。

找自媒体做口碑营销有效与否，取决于自媒体经营的领域是否够专够精、流量的精准度是否够高这两个方面。

平台的日流量越高，收费就越高。市场上也有专门做口碑营销的公司，这些营销公司与很多自媒体合作，可以协助规划使用整体营销策略，这也是做口碑营销的一个途径。

我们之所以找自媒体撰文营销，就是因为自媒体经过长期经营积累了某个领域的忠实粉丝，这群粉丝刚好是我们的目标客群。这样一来，利用自媒体写的文章让这群人快速地接收到信息，一来可以增加信息曝光率，二来可以借由自媒体的影响力与信任感做到快速散播口碑。

顾客觉得好吃，可能只跟一两个朋友介绍，但如果自媒体影响力够大，一次可能就跟几千人甚至几万人介绍，效果是完全不同的。

3. 通过工具的分享功能，规划活动触发分享

社群时代所带来的优势就是人与人间的互动通过网络变得更加的频繁。以前要了解朋友的现况可能需要通过碰面聊天才能得知，但现在有了网络社交媒体，即便朋友远在国外，通过他在一些平台上的日常分享也可以了解他的现状。

现在的人或多或少都会使用社交媒体工具，即便是爸爸妈妈年龄段的人也多少都会使用，他们不一定那么了解网络规则，但基本的浏览与留言还是会的。所以如今在做产品规划与店内布置时，也可以往能否引起顾客拍照分享的卖点上面去设计。

通过规划活动来触发转发分享也是一种方式。例如：只要顾客愿意拍照，并标注地点，分享到个人网页就能获得赠品；或者规定顾客转发给朋友后可以获得优惠券，用这样的方式达到转介绍的目的。

这些都是可以利用社交媒体完成的，也属于经营者比较能够掌控的营销方式。

如何经营你的顾客？

这一堂课讲的都是如何提升来客数的一些基本方法，回归到经营上，我们可以通过以下几个问句来思考。

1. 该如何找到潜在顾客？该怎么培养潜在顾客？

____

____

2. 该怎么让这些潜在顾客进店并产生第一次消费？

____

____

3. 新顾客第一次上门会在意的地方是什么？我该怎么让第一次上门的顾客愿意再次上门？

____

____

4. 该怎么让我的顾客知道我有新产品了？我平常有做顾客关系管理吗？

____

____

5. 该如何提高顾客的回购次数？

____

____

6. 如何引导顾客做转介绍？

____

____

2-9 如何制定开店前的营业策略？

所谓经营，就是用策略达成获利

在了解了营业结构之后，接下来要学习如何设定营业目标，并针对营业目标拟定一些执行策略。所谓经营就是：

「设定获利目标后，不断地去思考如何达成。」

管理自己的策略执行力，通过一次次策略的拟定与执行来达成所设定的营业目标，从而达到获利状态。

如何设定获利目标?

假设我们今天设定了一个获利目标，希望一个月能够进账7万元，也就是说一个月需要做到40万元的营业额。

损益表		
项目	金额	占比
一、销售收入	400 000 元	100%
减：销售成本	160 000 元	40%
二、销售毛利	240 000 元	60%
减：营业费用	165 800 元	41.45%
水费	500 元	0.125%
电费	8 000 元	2%
电话费	300 元	0.075%
员工薪资	120 000 元	30%
租金费用	30 000 元	7.5%
燃气费	3 000 元	0.75%
广告费	2 000 元	0.5%
杂费支出	1 000 元	0.25%
书报文具费	500 元	0.125%
五金用品费用	500 元	0.125%
三、营业利润	74 200 元	18.55%
加：营业外收入	0 元	0
减：营业外支出	0 元	0
四、利润总额	74 200 元	18.55%
减：所得税	1 000 元	0.25%
五、净利润	73 200 元	18.3%

当设定月营业目标为40万元后，我们需要进一步试算出平均每天的销售收入要达到多少。

可以用一个Excel表来试算日营收、来客数与客单价（如下表）。通常餐饮业的平日营业额与假日营业额不太一样，一般来说假日营业额比平日高（除非店铺开在目标客群只有上班族的地方，假日休假不上班，这样的商圈平日生意比假日好）。

以我的经验来说，假日的营收状况是平日的1.5~2倍，所以可以列出如下表格（每个月按30天计）。

日期	日营收 / 元	来客数 / 人	客单价 / 元
1	11 000	110	100
2	11 000	110	100
3	11 000	110	100
4	11 000	110	100
5	11 000	110	100
6	21 000	140	150
7	21 000	140	150
8	11 000	110	100
9	11 000	110	100
10	11 000	110	100
11	11 000	110	100
12	11 000	110	100
13	21 000	140	150
14	21 000	140	150
15	11 000	110	100

（续表）

日期	日营收 / 元	来客数 / 人	客单价 / 元
16	11 000	110	100
17	11 000	110	100
18	11 000	110	100
19	11 000	110	100
20	21 000	140	150
21	21 000	140	150
22	11 000	110	100
23	11 000	110	100
24	11 000	110	100
25	11 000	110	100
26	11 000	110	100
27	21 000	140	150
28	21 000	140	150
29	11 000	110	100
30	11 000	110	100
合计	410 000	—	—

以月营业目标40万元来说，平日需要做到11 000元，假设客单价为100元，来客数就需要达到110人；假日需要做到21 000元，假日的客单价可能会比较高，设定为150元，来客数则需要达到140人。

拆解到日营业目标还不够，每天的营业目标其实是由每个小时的来客数组成的，实际经营后会发现每个时段的消费习性与需求其实不太一样，如果我们可以根据每个时段不同的需求点去做一些营业变化，满足每个时段不同的需求，那么在经营策略上就可以更加灵活。

平日			
时段	来客数 / 人	客单价 / 元	营业额 / 元
6—7 点	10	80	800
7—8 点	25	80	2000
8—9 点	25	90	2250
9—10 点	10	90	900
10—11 点	15	130	1 950
11—12 点	15	130	1 950
12—13 点	10	130	1 300
总数	110	—	11 150

假日			
时段	来客数 / 人	客单价 / 元	营业额 / 元
6—7 点	10	150	1 500
7—8 点	30	150	4 500
8—9 点	35	150	5 250
9—10 点	15	150	2 250
10—11 点	20	150	3 000
11—12 点	15	150	2 250
12—13 点	15	150	2 250
总数	140	—	21 000

如何分析不同时段的营业需求？

下面我以早午餐店为例给大家分析。

1. 6—7点时段：父母或学生

这个时段的消费者通常都是一些父母，出门为家人或者家中上学的小朋友准备早餐，父母年龄层通常在40~60岁。因为要买全家人的早餐，而这个阶段的父母经济压力较大，所以对于早餐都会有一些预算控制，都是买可以吃饱的经济又实惠的产品，但是会一次性购买一家子的量，所以客单价虽低，但购买件数会比较多，且以外带为主。

还有一些要搭公交车的高中生也会在这个时段出现，消费能力也比较弱，但属于经常性消费群体。

2. 7—9点时段：上班族

这个时段通常都是上班族来买早餐，讲求的是快速，因为要赶着去上班，就会拿现成的一些产品，以外带为主。所以这个时段可以多做一些现成产品供赶时间的顾客拿取，快速结账。

这个时段大部分都是买个人的早餐，但是消费预算会稍微比较高一点，消费者比较能接受价格较高的商品。还可以推荐顾客使用电话订餐或者用App点餐，可以先下单，到店即取。

3. 9—11点时段：休闲时段

这个时段通常属于离峰时段，在这个时段出现的通常是一些家庭主妇或者自由职业者，没有时间的要求。这个时段顾客的消费能力会比前两个时段更高一点，通常有的人希望可以坐下来用餐。因此这个时段宜推出一些套餐，可以供店内享用。

有的人也会选择早餐午餐一起吃，所以有两餐的预算可以分配，能接受较高定价，想吃得满足。

4. 11—13点时段：上班族午餐

如果商圈内有办公大楼，那么午餐时段就会集中出现一拔上班族，距离工作地点近一点的会在店内食用，远一点的则会选择外带。

5. 假日6—8点时段：准备出游

部分假日的消费习性又不太一样，会有一些因出去玩需要带早餐的人。通常出去玩需要带的产品数量比较多，所以会一次性买比较多的产品。

6. 假日8—10点时段：家人或朋友相约吃早餐

大部分人假日会起得比较晚，这个时段出现的都是先出来吃早餐再出去活动的人，也有可能是一家人一起出来吃早餐或和朋友相约吃早餐。

7. 假日10—13点时段：早、午餐

假日的这个时段属于早、午餐时段，这个时段的消费者可以接受单点金额比较高的产品，店内食用居多。

根据需求分析拟定营业策略

制定营业目标与策略的顺序如下：

（1）定出月营业目标。

（2）将月营业目标分解成日营业目标。

（3）再将日营业目标分解成时段营业目标。

（4）针对每个时段的消费习性做一些分析，设计每个时段不同的服务策略。

较重要的是第（4）点，因为一般人在经营时有可能整天用相同的模式去提供服务，但是每个时间点出现的客人的消费动机与需求不一定一样。如果能更进一步了解商圈内的消费者动态，然后针对每个时段去提供一些差异化的服务，这样较容易满足每个时段不同需求的消费人群！

做这样的分析能帮助自己去观察商圈内的客群分布状况与动态，从而更清楚地知道该如何经营商圈。

但我们有一点必须要非常清楚，虽然是用切割时段的策略去思考每个时段消费人群的习性，但不是非得在每个时段都提供不一样的产品，这样不仅会增加经营的难度，还会导致备料不易统一的问题。思考的方向还是在原本的定位当中做出一些变化，针对不同时段去做一些服务上的改变或餐牌上的改变。

营业目标设定的注意事项

1. 设定的目标不能离现阶段状况太过遥远

设定目标是为了让团队有一个努力的方向，但是过高的目标会使人直接产生放弃的想法，而不会认真思考该如何达成目标。

最好的方式是将上个月或者去年同期作为一个依据，一般月目标设定较前月或者去年同期增长10%~20%较为妥当。目标太高会让人失去想要达成的动力，太低又失去了意义，所以在设定目标时要掌握这之中的平衡。

2. 设定完目标必须要做团队交流

很多经营者在设定完目标后，只会跟团队成员说一个目标数字，结果只有经营者自己知道为什么设定这样的目标。一家店请了员工就形成了一个团队，团队的力量绝对比个人努力更重要。

团队交流最主要的目的是让团队产生一个共识，让大家有共同的目标，然后朝着一个方向努力，共同提出一些可以达成目标的方法。这样可以让员工参与其中，一是有参与感，二是能真正学到东西，三是在达成目标后会产生共同的喜悦，这才是一个团队最珍贵的地方。

团队共同达成目标绝对会比自己制定目标，然后自己一个人想办法，最后怪员工为何都不努力、不思考好太多了。

很多经营者都习惯自己定、自己想、自己做，员工没有参与感，学不到东西，最后选择离开，造成人员的高流动率，最后也因为高流动率导致亏损。这是很多经营者在管理团队时容易犯的错误。

3. 达成目标后的奖赏与鼓励

奖赏与鼓励十分重要。我们常看到一些马戏团的训兽师，在训练动物做一些例如握手、坐下的动作时，会在它们完成指令后给予食物当作奖赏，并且摸摸它们告诉它们做得很棒。

奖赏与鼓励其实是达成目标后很重要的一个部分。在达成目标后不要吝啬与团队分享喜悦，要鼓励与庆祝一番，这样才能提高士气，让大家更愿意为团队付出，共同达成下一个目标。

制定你的营业目标

每个月要达到的营业额：____________________

每天要达到的营业额：

平日____________________

假日____________________

每个时段预估的营业额：

____

____

____

每个时段的消费人群及其消费习性：

时段________人群________习性________

时段________人群________习性________

针对每个时段的人群与习性我所拟定的策略是：

时段________人群________习性________

时段________人群________习性________

开店三部曲：

创业之后，如何经营？

确认了创业点子，做好了市场定位与资金准备，还完成了店面评估、定价决策、顾客经营策略制定之后，终于可以步入经营的常态化。这时候，真正的战场才拉开帷幕。最后一部曲，就让我以自身的经验，来和你们分享经营中必须要知道的几件事。

3-1
开店后经营的最紧急任务是什么？

开店之后，千头万绪，哪些环节是我们一开始就要注意的呢？根据自己的经验，我列出了几个实体店面营运后的关键任务，让你不至于一开始就手忙脚乱，或是走错方向。

当前期的所有筹备都已经准备完毕，店铺也施工完毕，开始正式经营时，要注意哪些事情，又要做哪些事情呢？

如果是第一次开店，刚开始难免会紧张慌乱，要用多少时间使整个运营步入正轨，与后续的获利状况紧密相关。我们先来谈谈开店之后要注意的事情与事情的先后顺序。

员工的产品操作速度与标准流程

没有开过店的人，很难在开店前就规划好产品制作的SOP（标准作业流程），一般都是在开店后一步步地建立起作业标准，但最好还是在开店前将产品制作的SOP给制定出来。

下面的表格是我写的一个餐品制作手册，提供给大家参考。

餐品制作手册的撰写并不是很难，但要将每一个产品的制作流程都写出来并教会每一个员工操作，就需要花费一点工夫。写下产品的操作流程是为了确保每个人的制作方式相同，确保品质的一致性。

产品名称	招牌套餐
前置作业	花椰菜（10克）、磨菇（5克）、甜椒（5克）、玉米粒（5克），切丁备用 苹果（2片）、小黄瓜（2片），切片备用 将卷饼皮对切备用（一份一片对切） 地瓜泥备用（冷冻地瓜泥使用平底锅加热即可）
	制作顺序
1	将切成丁的综合蔬菜3匙（约30克）放入平底锅 加入意式香料拌炒至香味出来 加热后加入10克青酱拌炒
2	取出半片墨西哥卷饼 铺上焗烤丝（20克） 放上一个步骤炒好的综合蔬菜 铺上焗烤丝（20克） 盖上另一半的墨西哥卷饼，放入烤箱烤3分钟（烤箱先预热30秒）

（续表）

3	炒蛋，炒完放入盘中，撒上意式香料
4	马铃薯 110 克炸 2 分钟，炸好后放入盘中，撒上少许盐
5	盘中放入生菜 15 克、蕃茄 2 片、苹果 2 片、小黄瓜 2 片
6	将烤好的墨西哥卷饼切成 4 等份放入盘内
7	沙拉旁放上油醋酱
8	挖一球地瓜泥放入小碟子并放入盘中，完成

经营者的抗压性与现场指挥能力

实际开店后，会遇到的比较大的困难是客人涌进店时给整个团队带来的心理压力以及对团队协作能力的考验，经营者必须不断地训练团队并调整经营。

刚开店时难免会出现忙中生乱的现象，这时候身为经营者必须针对每天发生的状况反思，并提出改善方案，用最快的速度做调整。

另外，当现场忙乱时，经营者本身要有较强的控场能力，去控制现场的氛围，去观察团队状况并且调节气氛，让大家缓解心理压力并回到正常工作状态，这部分其实是最难的。控场能力是经营者一开始最需要学习的能力，因为当顾客愿意上门给予机会时，服务的品质与氛围会决定他们是否愿意再次上门。

现场指挥的能力决定了整个服务品质的输出能力，这也是经营者在开店创业初期最需要通过训练去提高的能力。

训练经营者的控场能力

通常现场会失控都是因为顾客大量涌入，扰乱了秩序，接着顾客情绪激动开始投诉，导致现场气氛越来越紧张，场面越来越乱。

这个时候现场指挥官要做到以下几件事。

1. 先调整自己的心情

深呼吸，让自己的心情恢复平静。

2. 安抚顾客的情绪

要告知现场顾客目前的状况。对于已经在等待的顾客，要让他们知道我们已经在加紧脚步制作产品了，如果需要等待的时间较久也要诚实地告诉其他排队的顾客，让顾客选择是否等待。顾客如果愿意等待，内心至少有个预期，就不会有太激烈的情绪反应；如果不愿意等待自然会选择离开，虽然当下做不到他生意，但至少顾客不会产生太大的负面情绪而造成下次不来购买。

3. 对于新进来的顾客应告知需要等待的时间

让顾客了解现场状况，选择是否等待。一般店铺的人力配置都是固定的，所以每个小时的最高生产值会有一个“天花板”，当接单量大于最高产值“天花板”时，就会产生产出无法满足需求的现象，这时候如果硬接单反而会造成顾客抱怨或者消费体验不佳的状况。

开店做生意的重点是让顾客这次消费完感觉不错并愿意再来消费，

而不是做一次性生意，所以最好的状态是先接下可以容纳的单量，维护好整体的消费体验，这样才有机会让顾客回购，店铺经营才会越来越稳。

如果一开始接收太多的单量而造成产品品质与消费体验不佳，那开店的“蜜月期”就会很短暂，一旦“蜜月期”过了之后就会发生来客数下滑而无法挽回的现象。

4. 调整团队氛围

其实工作状态越紧张工作效率越低，现场压力越大出错机率越高，所以这时候现场指挥官要调整内部的工作氛围，切勿大声斥责出餐太慢，这是很多老板很容易出现的状态，但这样只会造成负面效果，让团队更紧张、更乱。

调整团队氛围，让大家回归平常心去作业，增强协作能力，这是现场指挥官的重要工作。

开检讨会议

经营就是不断地发现问题，找出解决问题的方法并持续改善，通过一次又一次的改善去提升整体运营状态。

通过每天发生的事件来引导团队讨论并提出改善方式是一个很好的促进团队共同成长的方式，但是经营者自身要有“引发”团队参与讨论的能力。

我的做法是，在营业中并不会立即去纠正些什么。以前刚开始开店经营时，我看到不顺心的事情就会开始念叨甚至责骂，但这常常会让整体工作氛围变得很僵，大家不讲话或者做起事来变得没有动力。一段时间后，我发现这种做法无助于业绩，甚至会让顾客来到店里时觉得氛围很差，不想再来，所以我渐渐地调整了处理问题的方式。

如果在工作的过程中发现了问题，我会先拿纸笔记录下来，然后私底下找当事人沟通。如果是整个团队的问题就会开个小会议，把发现的事情与问题提出来，与团队讨论该怎么改善这样的问题。团队通过一次次的事件获得成长，问题也得到改善，这样店铺的运营才会蒸蒸日上，而不是落入恶性循环当中。

开店比较忌讳的一件事，就是生意不好时老板情绪化，没事就开始找问题，有时候趋近于找茬，搞得工作氛围很差，员工离职率高。员工离职率高导致餐点的品质与服务的质量下降，业绩势必会更不好，然后老板心情更差，最后导致运营不下去而收店。

所以很多时候运营不佳未必是因为产品不佳，也未必是因为营销不佳，而是因为内控没有做好，更进一步可以说是经营者本身还没有学会怎样应对业绩变化导致的情绪变化。对于创业者而言，这就是一种修炼，也是创业成功的一个关键。

建立各项工作的作业流程

正式运营后，一开始可能还会处在必须视现场状况调整作业流程的阶段，当运营上轨道即团队熟悉了作业流程后，就必须开始建立一些规范的作业流程。

建立作业流程的目的，一部分是让自己在开店到闭店的过程当中有一个依据，避免混乱，也是提醒自己在哪个时间点要做哪些事情，这样可以缩短团队的混乱期，也可以从建立流程中去思考改善流程的办法，提升效率。唯有提高流程效率才能提高人事效率，这样才能留得住顾客。

另外，在培训新进员工时可以设计一本培训手册，这会让新进员工觉得这是一家有制度的店，才会想要留下来求发展。

一般要建立的作业流程项目有以下几项。

1. 开店流程

每天到店里的开店准备作业，各工作站的准备流程。例如：

■ 内场工作站

5：30—5：40 煮红茶、绿茶，装热水

5：40—6：00 煮豆浆、薏仁浆

6：00—6：10 煮酱料

6：10—6：20 简单整理内场，清洗器皿

■ 外场工作站

5：30—5：40 开铁门，将桌椅就位并擦拭，在工作台上摆放好要使用的器具与食材

5：40—5：50 煎三明治要用到的食材

5：50—6：10 包三明治

6：10—6：20 将桌椅擦拭一遍

■ 切菜（切菜项目与数量）

■ 备料（备料品项与数量）

■ 叫货

- 检查包装材料是否足够
- 检查现场是否有脏的地方需要清洁

2. 闭店流程

- 内用餐具清洗（清洁项目与清洁重点）
- 内场工作站整理（清洁项目与清洁重点）
- 外场工作站整理（清洁项目与清洁重点）
- 检查明日使用食材、包装材料数量是否足够
- 检查燃气是否关闭
- 清洁桌椅
- 关闭生财器具
- 闭店

这是一个简单的作业流程范例，具体的细节可以依据自己店铺的工作流程编制。编制流程的出发点是假如有一个新人第一天来上班，你要怎么教他，除了口头教他怎么做之外，还应有一个参考依据可以让他直接看着去执行，也就是需要一本可以帮助他了解工作流程与规范的手册。这样在教导新人的过程中就不会出现“我有教过但是员工不断忘记”的问题。

其实有时候经营管理上出现了问题，经营者自身要在系统建立上做检讨，而不只是单方面地责怪员工。

善用科技系统与设备提升效益

回想一下，当我们进入一家早餐店时，是否会发现店里的做餐人员既要做餐，又要记单，然后跟店里的人沟通大部分是用喊的，人只要一多就会忙乱不堪，乱成一团，最后顾客产生不好的情绪，工作人员的工作氛围也很不好。

这其实就是以前我们经营时的写照，也让我们头痛了好一阵子。后来慢慢地购入一些科技系统与设备，能够利用科技系统或者设备取代人力的地方就尽量取代。

这样做有以下几个优点。

1. 降低人事成本

不要觉得降低人事成本就是苛求员工，其实如果能够利用一些科技系统或设备以减少人员运用，比如使本来需要4个人工作减少为3个人，这样就能够提供更好的薪酬条件给这3个人，反而更留得住员工。

2. 降低作业复杂度，更容易训练员工

过去我们必须要花很多时间去培训一个员工，培训柜台员工更加不容易，因为柜台员工要控制全场，这就是有些做传统生意的老板要自己站柜台的原因。但如果能购入一些科技系统以降低作业复杂度，员工培训就会更高效。

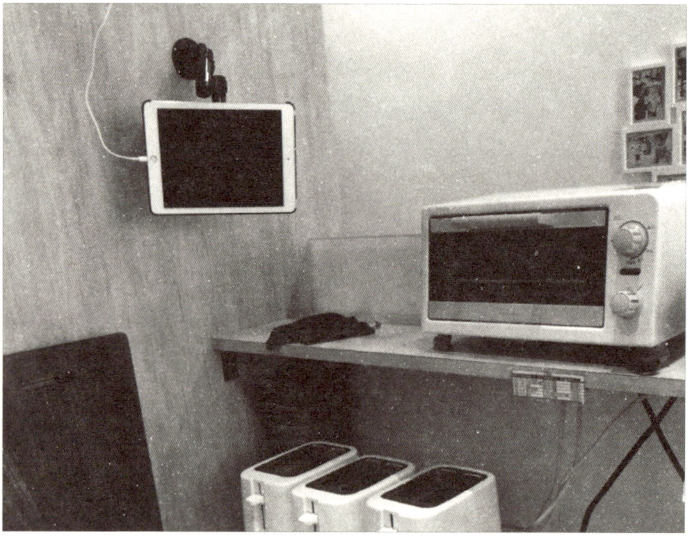

3. 提升员工工作效率与降低客户投诉

例如我们在2016年就导入了App点餐系统，让顾客通过App点餐，这样可以大大减少我们接电话的次数，如果平日一天少接10通电话，假日少接20通，这样人员就能有更多的时间制作餐点，出餐效率会变得更高，也不需要与顾客确认订单。有时候在电话中表达或听得不清楚，还容易点错单造成顾客投诉，App点餐大大减少了这些问题。

同时我们在各工作站都放了一台装有店内餐饮系统的设备，顾客在柜台点餐后，每个工作站就可以知道自己要做什么，这样就可以避免用记的、用喊的，导致容易忘记或者忙乱的状况发生，提高了效率，降低了出错率。

这些都是一些科技系统带来的好处，好的系统会帮助我们优化整体作业模式，也就更容易获利。

3-2

如何制作店铺的财务报表？

开店之后，无论店里的营收好还是不好，对经营者来说都有必须调整营业策略的地方，只有逐步调整，店铺才会更快走上正轨。所以这一课，就要教大家如何利用精确的数据，来调整自己的营业策略。

在前面我们有谈到，创业前必须先做财务的预估，而开店之后报表的记录与分析更加重要，因为这是店铺是否盈利的依据，也是分析店铺状况最重要的数据。

创业者必须对数据保持高度敏感，因为很多问题、策略都是从数据中发现的。从每日的进出账记录，到每月结束的报表制作、分析，都非常重要，必须认真去做才有办法从数据中找到问题，解决问题，让运营步入正轨。

那该如何记录日报表并将其整理成月报表呢?

制作一张每日收支记账表

首先，可以用Excel制作一张记账表，如下图，栏目分别为月份、日期、收入、支出。

月份	收入		支出															
	营业收入	营业外收入	成本支出（本月进货）									营销支出						
日期	营业额	其他收入										燃气费	书报文具费	五金/清洁用品	水电/电话费	修缮费	其他支出
1																	
2																	
3																	
4																	
5																	
6																	
7																	
8																	
9																	
10																	
11																	
12																	
13																	
14																	
15																	
16																	
17																	
18																	
19																	
20																	
21																	
22																	
23																	
24																	
25																	
26																	
27																	
28																	
29																	
30																	
31																	
总计																	
百分比																	

支出又分成本支出与营销支出。每日发生的收入与支出项目都要按实际数据填写，这样报表才能精确地反映问题。

要特别注意成本支出与营销支出栏目的填写方式。成本支出包括食材、包装材料类的支出，表示与营业有直接联系而发生的成本。营销支出包括燃气费、书报文具费、修缮费等。

当记录下每个月的收入与支出账目后，接着必须制作报表，将原本的流水账整理成简易的损益表，了解店铺的盈亏状况。

制作一张每月损益报表

要特别注意的是，每个月进货后一般都会产生库存，每个月的库存数量会影响到我们报表上面的成本与毛利数据。

举个例子：假设1月底还有1万元的存货，2月又买入3万元的货，但实际上2月用掉了3.5万元的货，2月底盘点剩下0.5万元的库存，所以2月的成本应该是3.5万元。但是流水账上面只记录了2月买入了3万元的货，如果这时候只用3万元做报表呈现在成本项目中，2月的实际成本就会偏低，毛利会比较高，报表数据也就失真了。

店铺通常在月底时会进行一次盘点，称为期末盘点，取得期末存货（等于下个月的期初存货）。计算公式如下：

期初存货＋本月进货－期末存货=销货成本。

也就是说我们计算销货成本时必须加减库存量的金额，这样计算出的报表才会比较精确。

损益表		
销货收入	340 000 元	100%
减：销货成本（A+B−C）	135 000 元	39.7%
月初存货 A	100 000 元	
本月进货 B	150 000 元	
月末存货 C	115 000 元	
销货毛利	205 000 元	60.3%
减：营业费用	163 000 元	47.9%
水电费 / 邮电费（电话费）	9 000 元	2.6%
员工薪津	120 000 元	35.3%
租金费用	25 000 元	7.4%
燃气费	4 500 元	1.3%
税金	1 500 元	0.4%
杂支	3 000 元	0.9%
营业净利	42 000 元	12.4%

如何从你的报表中找出经营问题?

制作出报表之后，我们必须针对报表所提供的数据来分析经营上的问题并制定后续的发展方向。

大部分人只知道营收越高越好，但实际上营收高不代表一定赚钱，营收低也未必代表没有赚钱，一切都看我们如何去记录数据。

先从毛利率来谈，餐饮业的毛利率大概在50%~70%，最主要还是要看服务形态与呈现方式是否有足够的价值去拉高毛利率。

薄利多销就是利用低毛利、高销售量的方式来经营，但是我们必须明白，毛利的高低对经营有很大的影响。以30万元的月营收为例，毛利率差10%的话一个月差了3万元，如果以毛利率50%来说，这3万元就代表了有6万元的营收。这也就是说营收36万元毛利率50%，与营收30万元毛利率60%，实际上的毛利额是一样的。

如今，低毛利的生存条件越来越严苛，因为经营费用不断提升，加上食材成本也一直上涨，所以若要提高营收势必要从毛利着手。

从提升毛利着手去提高营收

那该如何针对毛利去做改善？如果一开始毛利制定得不够高该怎么做？这些都是经营上会遇到的问题。

提升毛利有以下几种方式。

1. 产品分级

在实际运营前一定要精确计算每样产品的成本、毛利与售价，然后将其制作成产品毛利表，清楚地知道每件产品的毛利水平。

可以根据毛利水平将产品分为A、B、C三个等级。

A级产品：高毛利、高销售量，这类产品要被当成店内的主力产品来推销，因为它们是提高整体毛利的重要产品，卖得越多，整体毛利就越高。

B级产品：高毛利、低销售量，或者低毛利、高销售量，这类产品可能在毛利与销售量两者间一个较高一个较低。这时候需要了解为何高毛利的产品销售量如此低，是因为顾客不知道这些产品吗？如果是因为顾客不知道，那可以做一些短期促销让顾客知道这个产品，然后看后续是否有办法提升销售量。

对于高销售量、低毛利的产品，不妨试着调整价格，提升它的毛利率。不要害怕调整价格，要知道低毛利产品卖得好其实也会拉高整体的毛利水平。要试着让B级产品变成A级产品，借此提升整体的毛利率。

C级产品：低毛利、低销售量，经营者必须毫不犹豫地将这类产品从菜单中剔除，因为这样的产品贡献度极低，占了菜单版位并增加了复杂度，同时也拉高了备货库存，所以经营者应尽可能将这类产品剔除。

2. 推出较高毛利的新产品

第二种方式算是渐进式提升毛利的一种方式，就是通过推出高毛利产品来代替低毛利产品，让整体毛利水平能够逐步提升。

3. 调整价格

第三种方式就是直接调整价格。这对于很多经营店铺的人来说，总是会有一些压力的，生怕提高价格后顾客就不来了。也因为有这样的压力，所以很多店铺的毛利都慢慢地被压缩掉，最后导致经营不下去。

所以经营者必须不断提升自己的产品竞争力，提升顾客对店铺的信任度或者是黏着度，必须更用心地去经营，让顾客觉得真正需要这些产品，这样调整价格的冲击会小一点。

除了流水账，你还应该记录这些数据

除了记录每日流水账外，还有一些数据是必须被记录下来做分析的。我们可以做一张工作日志表，将这些数据记录下来做观察与分析，这样做有利于让团队知道店铺整体运营状况，可以一起努力思考对策。

这张表的内容与记录方式如下。

日期：记录每日日期。

星期：记录当天是星期几。

本日预估营收：将每月设定的目标分解为日营业目标记录于每日预估营收中。

本日实际营收：每日实际的营收。

达成率：计算方法为每日实际营收除以每日预估营收。

本日来客数：每天的来客数。

本日客单价：每天的客单价。

月营收累计：实际营收的总和，了解目前实际营收与预估营收的进度与落差。

月营收累计达成率：计算方法为月营收累计除以总营收预估（分母是设定的月营收目标）。

使用人时：将每天每个人工作的时数化为“人时”，例如1个人1天工作8小时，3个人就是24小时。

人时生产力：每人每小时可生产的营收，计算方法为每日营收除以日总人时。

例如：9 500元（日营收）÷24小时（日总人时）≈396元/小时，代表在营业时间内每人每小时工作生产了约396元的营收。

人事比例：工作日志记录的人事比例跟月报表记录的人事比例公式有点不一样。

月报表的人事是实际人事，因为经营店可能会有正职与兼职人员，会有月薪制与时薪制的计算方式，实际发生的人事变动会呈现在月报表中。

工作日志中人事比例的计算是为了方便让自己知道每天到底用了多少人，需要支出多少薪资，薪资比例占了多少。一律使用时薪制计算，是为了方便我们了解数据，知道每天到底用了多少人和多少时数，以及产出多少营业额。

日报表中人事比例计算公式为时薪除以人时生产力。

例如：135元（时薪）÷450元/小时（人时生产力）=30%。

日期	星期	本日预估营收	本日实际营收	达成率	本日来客数	本日客单价	月营收累计	月营收累计达成率	使用人时	人时生产力	人事比例
1	四	9 500	8 500	89,47%	80	106.25	8 500	2.29%	24	354.17	38.12%
2	五	9 500	9 000	94.74%	90	100.00	17 500	4.72%	24	375.00	36.00%
3	六	18 000	16 000	88.89%	130	123.08	33 500	9.03%	32	500.00	27.00%
4	日	18 000	16 000	88.89%	140	114.29	49 500	13.34%	32	500.00	27.00%
5	一	9 500	11 000	115.79%	98	112.24	60 500	16.31%	24	458.33	29.45%
6	二	9 500	9 500	100.00%	100	95.00	70 000	18.87%	24	395.83	34.11%
7	三	9 500	8 500	89.47%	80	106.25	78 500	21.16%	24	354.17	38.12%
8	四	9 500	10 000	105.26%	93	107.53	88 500	23.85%	24	416.67	32.40%
9	五	9 500	8 000	84.21%	95	84.21	96 500	26.01%	24	333.33	40.50%
10	六	18 000	16 000	88.89%	130	123.08	112 500	30.32%	36	444.44	30.38%
11	日	18 000	17 500	97.22%	145	120.69	130 000	35.04%	36	486.11	27.77%
12	一	9 500	10 000	105.26%	89	112.36	140 000	37.74%	24	416.67	32.40%
13	二	9 500	9 500	100.00%	95	100.00	149 500	40.30%	24	395.83	34.11%
14	三	9 500	8 500	89.47%	99	85.86	158 000	42.59%	24	354.17	38.12%
15	四	9 500	8 000	84.21%	97	82.47	166 000	44.74%	24	333.33	40.50%
16	五	9 500	8 700	91.58%	93	93.55	174 000	47.09%	24	362.50	37.24%
17	六	18 000	18 500	102.11%	128	144.53	193 200	52.08%	36	513.89	26.27%
18	日	18 000	20 000	111.11%	144	138.89	213 200	57.47%	36	555.56	24.30%
19	一	9 500	9 700	102.11%	98	98.98	222 900	60.08%	24	404.17	33.40%
20	二	9 500	10 500	110.53%	99	106.06	233 400	62.91%	24	437.50	30.86%
21	三	9 500	11 000	115.79%	96	114.58	244 400	65.88%	24	458.33	29.45%
22	四	9 500	10 000	105.26%	89	112.36	254 400	68.57%	24	416.67	32.40%
23	五	9 500	9 500	100.00%	85	111.76	263 900	71.13%	24	395.83	34.11%
24	六	18 000	18 500	102.78%	135	137.04	282 400	76.12%	36	513.89	26.27%
25	日	18 000	19 000	105.56%	145	131.03	301 400	81.24%	36	527.78	25.58%
26	一	9 500	9 500	100.00%	100	95.00	310 900	83.80%	24	395.83	34.11%
27	二	9 500	9 500	100.00%	95	100.00	320 400	86.36%	24	395.83	34.11%
28	三	9 500	9 500	100.00%	98	96.94	329 900	88.92%	24	395.83	34.11%
29	四	9 500	8 500	89.47%	93	91.40	338 400	91.21%	24	354.17	38.12%
30	五	9 500	10 000	105.25%	92	108.70	348 400	93.91%	24	416.67	32.40%
31	六	18 000	18 000	100.00%	135	133.33	366 400	98.76%	36	500.00	27.00%
本月预估		371 000	366 400	98.76%	106	109.27	—	—	—	424.60	32.44%

除了营业额，人事成本也是赚钱的关键

开一家店最终能不能赚钱，关键是对业绩与人事比例的控制。

人事比例是变动费用中浮动比例最大的一个部分，也是最难掌握的一个部分。餐饮业是一个需要大量服务人员的行业，人员的流动、安排与整个人才的规划体系都会大大地影响人事比例的变动。

试想，如果你本来一天需要三个人来完成店里的所有工作，但今天有一名员工要离职，在他离职前势必需要先招募员工进来培训，所以这段时间就会多出一个人的人事成本。所以流动率过高的店铺很难赚钱是因为一直在员工培训上付出成本。

但使用过多的员工却没有足够的营收做支撑，人事比例又势必过高，所以如何排班，将人事比例控制在合理范围内（或者在预估范围内）都是在考验经营者自身的领导能力与管理能力。

尤其是刚开始创业的经营者，他们在人才培养上没有什么经验，有可能造成人事流动过快。

经营者本身要有正确的留人策略与心态，除了自身要不断学习外，还要尽可能地让员工成长，最好能够安排员工的成长计划，自己先一步步地学，然后一步步地教员工。这种计划不只是技能上的教学，同时还包括一些经营层面或者心理层面的内容。甚至还可以与员工一起讨论成长计划，让他们有参与感，这样员工的工作效率才会提高。

我们曾有过的一个问题就是不会培训员工，员工的工作态度不正确也没有对他进行教育。店内事务没有了规范，效益自然不理想，明明三个人可以做完的工作偏要四个人来做，而且还没办法准时收店下班，大家都做

得很累，这样的状况必须通过经营者调整店内规范才能改善。

最重要的还是要把每日该做的事情制成管理表单，因为开店一定有尖峰与离峰时段，利用空当把每日要做的事情尽可能完成，将人效发挥出来，省下一个人的薪资则可以拿来作为其他员工的奖金或者给他们加薪，这样才有办法留下人来。

利用 POS系统分析经营信息

现在大部分店铺都会安装POS系统，POS系统可以有效帮助经营者收集经营信息做成资料，方便分析。

最重要的是通过信息的收集，对比现在的经营状况与原本规划的方向是否一致，如果有落差就必须要调整经营策略。

日订单时段分析

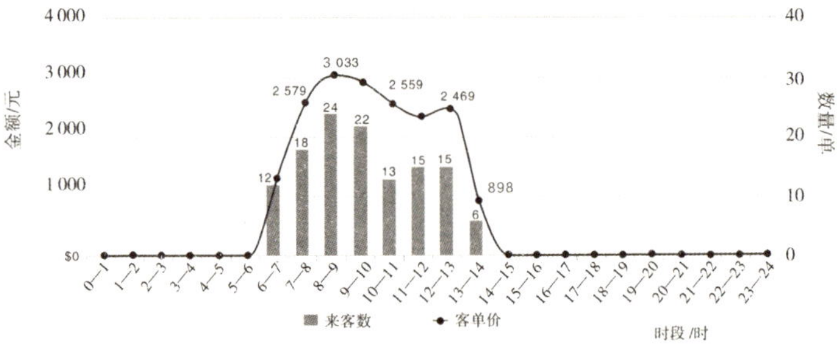

前面我们有谈到必须做时段的来客数与客单价的预估，并搭配不同时段做产品策略拟定。如果这个部分事先有拟定，就可以与实际运营的结果做对比，看每个时段的经营状况是否跟我们所预估的状况相同。

通常实际经营状况跟预估经营状况会有一些落差，这时就需要分析落差产生的原因。

例如：中午11—13点每个小时的预估来客数是15~25人，但现在只有10~15人，原因是什么？是因为没有提供符合午餐市场的产品吗？还是因为商圈内的就餐者习惯去同一家店吃饭？大家还不知道我们这边提供午餐吗？我们的午餐信息有曝光吗？有什么方式可以提升午餐营收？

这些都可以通过数据去了解与分析，并重新拟定策略以调整经营方向。

我们还可以观察每个小时的最大生产力是否达到我们预估的标准。如果每个小时的最大生产力是4 500元，那是否有办法再突破？该怎么突破？怎样才能进一步增加尖峰时刻的来客数以提升营收？

也可以分析堂食、外带、外卖的比例。外带多，那是否有办法提升堂食率？堂食的客人的需求是什么？需要改变环境还是需要改变餐点？可以开发外卖市场吗？该怎么做？

这些都是我们在运营上可以通过数据分析，不断去思考与调整的地方。

经营一家店的重要心态提醒

经营过程中必须不断地做调整，如果只是直觉性的判断有时候会失真，最好的方式还是：

通过数据收集市场信息，然后分析信息背后的消费动机还有经营问题，改善后再观察数据的变化并继续调整，这样才能较快地解决问题。

这是我们在实际经营中必须不断思考与调整的地方。开一家店未必能够一炮而红，那种机会可遇不可求，但是如果能够通过一步步地调整，慢慢地在商圈内经营出知名度，累积自己的经营实力，这样在未来要做扩张甚至做连锁经营时，才会有较深厚的实力及丰富的经验来复制成功模式。如果一开始生意就非常好，却不知道生意好的原因，复制时就容易失败，因为你不知道成功的要素是哪些。

我们必须通过经营了解自己的优势与劣势，以及因为哪些优势而经营出成绩，再将这些优势要素列出来，在复制经营模式时就可以用同样的成功条件与经验去做一些评估，这样在做下一步扩张时成功的机率就会更高。

所谓经营，就是不断地通过实际运作去发现问题，然后训练自己分析问题、解决问题的能力，通过一次次地解决问题来提升自己与团队的能力，营收自然会慢慢提升。

如今选择开店要有一种不忘初心的心态。我们观察过很多经营者，刚开始创业时都很积极也很用心，但是当生意经营到一个阶段后就认为自己的生意稳定了，然后开始懈怠，当初的积极与用心都不见了，陷入了每天只是应付生意的状态，在这样的状态下生意开始每况愈下。

其实经营就是一种修炼，要不断地提升自己，求新求变，一定要告诉自己保持初心与刚创业时的热情。

3-3 开店之后，我该怎么做营销？

营销，是让产品与品牌被更多人知道，从而提高营业额、获得品牌知名度的方法。我们创业开店后，不能只是埋头营业，必须要做营销计划，这样才能帮助店铺更快走上正轨。

好的产品更需要营销

营销，算是开店后的一种日常工作，或许有许多人认为把产品做好就行，不用做太多的营销，所以一心扑在产品的制作上。其实这样的观点不能说是完全错误的，但我们必须要明白产品与营销间的一些关联。

产品是一切的根本，这点是绝对不可否认的，因为产品是顾客真正得到或体验到的东西，没有好的产品，再好的营销也只是帮助店铺做一次性生意，而不能产生长期持续的回购，没有回购的生意是不可能长久的，所以产品绝对是评判创业成功与否的关键之一。

把产品做好就可以的想法必须建立在一个关键点上，就是产品口碑的传播速度要快到让你的店铺在周转金用完之前，就能达到损益两平甚至获利的状态。但如果只专注做产品，没有告诉任何人你有在卖这些产品，在没有人知道的状况下，口碑的传播速度真的够快吗？

以上是我们必须要有的一些认知。不要认为营销是一件不好的事情，创业要顾及的方面非常多，不单单只是“产品”这件事情而已。如果你很有把握你的产品做出来能够马上出现供不应求的现象，那么可以另当别论。但以我的经验与遇到的一些状况而言，通常创业者遇到的问题都是自认为产品很好，但又很苦恼为什么没有人知道、没有人买，这就是我们必须要做营销的理由。

做营销的目的是什么？

营销的六大主轴还是我们前面所提过的：

（1）如何让潜在顾客成为新顾客。

（2）如何让新顾客成为老顾客。

（3）如何提升老顾客的回购率。

（4）如何让老顾客帮忙做转介绍。

（5）如何提高平均客单价。

（6）如何增加购件数。

这些是营销时需考虑的基本点，可以以此为出发点去想一些营销方法，然后做一些企划练习。

跟写创业经营计划书一样，写营销企划书最主要的目的是锻炼自己的营销能力，并通过企划的整理来了解整个营销活动的运作，最终评估出营销的效益。通过一次次的练习来提升自己的营销能力，利用深度的营销让经营变得更加顺利，这也是在开店阶段必须要去练习的。

下面我们先分享一些营销企划书的基本撰写方式，后续再更深入地谈营销概念。

如何撰写营销企划书？

以我们做9周年活动的一个营销企划书作案例：

DLS 9周年庆活动

一、前言

得来素于2007年4月1日由小餐车发展成如今的连锁店，已经9年了，由一台小餐车到目前的18家连锁店，一路走来因为有广大客户朋友们的支持才让我们得以茁壮成长，为了回馈广大的客户朋友们，4月我们将推出周年庆活动。

二、活动目的

借办周年庆活动，提升品牌知名度与客单价。

三、活动日期

4月1日—30日。

四、活动办法

在得来素门店消费，单笔满150元可获得抽奖券一张（300元得两张，依次类推），公司将抽出50位获奖者赠送电影票一张。

五、活动奖项

电影票50张。

六、抽奖日期

5月15日星期日下午16：00（得来素昌平店公开抽奖）。

七、预估费用

1. 电影票50张11 000元（50张×220元/张）

2. 抽奖券10 000张5 000元

3. 奖项邮寄费用1 250元（50单×25元/单）

4. 店家广告横幅8 000元（16条×500元/条）

5. 抽奖箱费用750元（5个×150元/个）

6. 活动横幅、抽奖券、海报设计费用5 000元。

总计：31 000元。

注意事项：

1. 外卖、网购产品不列入此次活动范围；

2. 抽奖券资料必须填写完整，才能获得抽奖资格（分店名、姓名、电话、联系地址）；

3. 各分店必须自行准备抽奖箱。

八、活动时间、流程安排

日期	工作事项	负责人	备注
2月2日	海报设计发包	督导	
	抽奖券设计发包	督导	
	横幅设计发包	督导	
2月20日	设计对稿	督导	
2月28日	海报、抽奖券、横幅定稿	督导	
3月1日	电影票询价	督导	
3月5日	海报、抽奖券、横幅制作发包	管理部	
3月8日	回复电影票询价状况	督导	
3月15日	宣传品制作完成	管理部	
3月20日	宣传品发至各店	管理部	
3月29日	粉丝页活动预告	督导	
4月1日	活动开始（粉丝页正式公布活动信息）	督导	
4月29日	买电影票	督导	
4月30日	活动结束		
5月2日—5月9日	各店铺抽奖箱回收		
5月15日	抽奖		下午16：00于昌平店
5月23	奖品寄出		昌平店员工协助寄出电影票

补充：2月15日—29日请督导人员至各分店口头告知活动办法。

请督导人员协助各分店准备抽奖箱。

营销规划应该考虑哪些问题?

从上面的营销企划书中我们可以知道做营销规划时要考虑:

1. 营销原因

营销原因是文案开发或者内容撰写的源头，也可以说是让消费者接受营销的一个理由。

2. 营销目的

这次营销活动要达成的目的是什么?是为了让更多人知道品牌和产品以提高知名度和认知度?是吸引路人入店消费?是让老顾客产生回购?是要缩短购买周期以提升回购率?是想要提高客单价?还是想要吸引不同消费群体进店尝试?

在做营销规划前，我们必须清楚这次营销活动的目的，这样我们才有办法设计活动内容，并评估活动结束后的效果是否跟当初的预期是一致的。

3. 活动日期

一定要写清楚活动时间。

4. 活动流程

即针对活动内容的设计与说明，这部分要清楚地告诉大家整个活动该怎么去进行。在撰写过程中，也能让自己更了解整个活动的内容，避免遗漏。

其实计划跟实际执行通常都会有一些差距，所以无论是写创业经营计划书还是营销企划书，最主要的是把想法具象化，让想法通过文字或者图片的方式呈现出来，这样在执行时才会比较顺利。

如何预估营销活动费用？

在做营销活动之前一定要做费用预估，必须思考这些费用带来的效益是否符合我们所要达到的目的，可以制订一些KPI（关键绩效指标）来考评。

通常谈到费用预估，我会做下面两个分类：

1. 可预估效益

可预估效益指的是这次营销活动我要用多少预算来获得多少营业额（来客数×客单价）。

例如：这次营销活动的费用预估是5 000元，如果要让这次营销活动不造成太多的毛利损失（简称毛损），该怎么规划？

第一，我会思考这次活动推出后的预期收益需要达到多少才不至于造成太大的毛损。如果以客单价100元、毛利率50%来计算，这次营销活动至少要能为店铺带来10 000元的营收，我才会认为营销活动值得做。第二，从来客数的角度看，若这次营销活动能在这一个月内帮我多带来100位客人，即平均一天增加三四位客人，这样的营销活动才值得做下去。

所以在活动方案里我必须考虑这样的活动是否对消费者有吸引力，有没有把握通过这次活动使每个月增加100位客人与10 000元的营业额。也就是说，这次营销活动的KPI设定为100位客人与10 000元的营业额。

2. 不可预估效益

不是每一场活动都能用KPI来考评的，例如：今天如果是做品牌曝光，我们最多只能预测这次曝光会让多少人知道或者看到。这类活动的目的是让更多人认识与记住我们的店或者品牌，其效果很难直接用KPI来考评。

有时候不能期待活动结束后就会立刻有营销效果，而是要思考整体营销的目的，以建立长期、中期、短期的营销规划，这是让自己的店慢慢从微型店经营发展为品牌店的一个关键。也不能每次做促销活动就以为是在做营销，而是必须用较长期的经营概念来操作营销，把长期、中期、短期的目标先确定好，然后做预算的分配去经营长期、中期、短期的客群。

思考你的营销规划

可以先练习写营销企划书，锻炼自己的思维，接下来我们会更深入地谈一些营销方法及网络时代该如何做营销。

开发潜在顾客的方法是：

____

____

让新顾客成为老顾客的方法是：

____

____

提升老顾客回购率的方法是：

____

____

让老顾客帮忙做转介绍的方法是：

____

____

提高平均客单价的方法是：

____

____

提高顾客购件数的方法是：

____

____

3-4 我该怎么做店铺的社群营销？

社群营销是这几年最火的话题之一。当你创业开店时，要不要做社群营销？做了会有效果吗？会不会很难？其实，对于创业者来说，社群营销是必要的，而且其实也不难，因为它和我们前面说的市场定位、顾客经营等，都是在同样理念下发展出来的做法。

现在就算是开实体店，利用网络与数字工具来营销已经成了一种不可逆的趋势，因为网络的普及让我们能够用更快的速度去接触更多的人。无论是网络创业还是实体店创业，利用网络让生意发展壮大的案例非常多，那么该如何操作呢？

社群营销是这几年较盛行的营销方式，利用网络社群聚集粉丝，然后吸引粉丝到店消费，这当中的逻辑与操作流程是怎样的？有哪些关键点？用在实体店面经营时又该怎么操作？我将通过下面的内容具体说明。

社群是什么？

在做社群营销之前，要先了解什么叫社群。

无论是线下活动还是线上活动，只要有人，就会有聚集人的组织与团体，例如学校社团、运动社团、商业社团、摄影社团……有相同兴趣爱好的人聚集在一起，组成一个团体，这样的团体在线下被称为社团，到线上就成了社群。

简单地说，社群营销就是在网络上让有相同兴趣爱好的人聚集在一起，然后针对这个群体进行营销的一种方式。

为什么要做社群营销？

创业过程中的一个很大的问题，就是没有太多的营销预算可以使用。传统媒体（电视、杂志、广播等）的预算相对都比较高，所以我们要思考如何在低预算的情况下做营销，让顾客能够接触到我们的产品并认识我们的产品，进而愿意到店里来消费。

在各类社交媒体软件还没有盛行之前，我们的营销方式是写营销软文，写完之后发布到论坛上。那时候的论坛就是一种社群平台，通过发布软文的方式让别人认识我们，增加曝光率，把品牌推出去。

后来慢慢地有了更多的社群工具，尤其是微博、微信、Facebook等社交媒体软件推出后，开始有粉丝群，这大大地普及了社群概念，也让社群营销变成一种显学。

但经营社群其实有很多关键点，如果不了解社群的规则，只是单纯地开一个粉丝团就希望客人会因为粉丝团而消费，这样是行不通的。

所以我们还需要了解消费者在网络上的行为，并明确自己操作社群的定位。定位会影响经营的方式与发文的方向，经营方向也决定了会吸引哪些人群加入粉丝团，以及是否能达到我们想要的效果。必须深入了解这当中的环节与流程，才有办法一步步凸显社群效益。

在社群上要聚集哪些人？

这个问题关系到进行社群营销时的目标对象（受众）到底是谁。如果经营对象错了，原则上社群对实际经营的帮助不会太大，所以首先我们要了解经营哪些人对自己的帮助会比较大。

我要制作哪些内容来吸引这些人？

社群上的内容通常可以通过图、文、视频这三种方式呈现，如何利用这三种内容呈现方式吸引潜在客群，甚至使他们长期关注产生用户黏性，并且产生信任进而愿意到店消费，这是一个关键过程。所以制作的核心内容决定了会吸引哪些人来观看，这群人是不是我们想要的，够不够精准，这会影响整个社群营销的效益。

一般来说，社群经营的指标是关注的粉丝有多少。但我更在意的是关注的人是不是我想要的客群，我觉得这一点比有多少人关注更重要。

如果有10万人关注，但当中只有1万人是我的潜在客群，那么这样的关注度是虚假的。如果粉丝只有2万人，但有1.5万人是我想要的客群，这样反而更有用。

所以在进行社群营销时，我会先了解自己的店（品牌）的定位，然后分析哪类人群较容易成为我的潜在顾客，这些潜在顾客也就是我要利用社群吸引到的人群。接着开始思考内容该怎么制作或者文要怎么发，要发哪些文才能吸引这些潜在顾客。基本方法就是先利用内容吸引人群加入，然后植入一些商业信息（吸引他们到店的信息或者是产品信息、活动信息）。

从潜在客群中规划营销内容

以我自己创业过程中的营销为例，因为我们做的是素食早、午餐，所以潜在客群很明确，即素食群体，那么我要通过哪些内容来吸引素食群体的关注并引起讨论呢?

首先我会将消费者问题列出来，因为我觉得无论是创业还是经营社群，又或者是做营销，解决消费者问题并让他们获得利益，就容易获得消费者关注进而促成消费。这是我最主要的思考方式，先思考消费者利益，而不是先思考要怎么卖东西，当产品与服务能够解决消费者问题时，他们就会买单。

其次，回到社群经营上，我要经营怎样的内容才会对这些潜在客群有益处？只有取得他们的长期关注，我们发布的商业信息才有机会传递出去。也有可能因为这群顾客本身就是我的产品的潜在顾客，我们发布的商业信息能够解决他们的部分需求，不会让他们产生反感，从而更容易拉近与顾客的距离。

最后，从我们店铺的潜在客群——素食者来说，我把一些素食者较容易遇到的问题列出来，作为内容制作与找素材的方向。

（1）吃素的小朋友可以吃什么的问题。

（2）素食者与非素食者的人际相处问题。

（3）夫妻双方不一定都吃素的问题。

（4）吃素的女性怀孕与坐月子能吃什么的问题。

（5）素食者外出旅游去哪吃的问题。

（6）吃素便捷性的问题（哪里有素食店）。

（7）素食者在家里煮食物要煮什么、怎么煮的问题。

（8）素食者的健康问题。

这些都是我的潜在客群本身有可能产生的问题，所以当我朝这些方向制作软文内容时，也较容易获得长期关注。

社群营销，越早开始越好

当我们通过社群营销慢慢地累积了一些潜在客群后，就有更多的机会把我们的营销信息曝光出去，利用这样的方式达到营销的效果。

社群营销要花时间与粉丝建立关系，不是即效性的营销方式。但在没有太多营销预算的创业初期，利用社群建立自己品牌在网络上的影响力，协助品牌曝光，是十分必要的。甚至在创业之前就可以开始社群经营，先将一群粉丝聚集起来，开店后再做导入，这也是一种方式，也有很多这样的案例。

举个例子，有一家早、午餐店，他们刚开始揽生意的方式就是利用网络社群接订单，但那时候他们还没有实体店铺，接了订单之后只能在家里做，做完之后送给客户，慢慢地培养出一些忠实客户。当有一定的客户支持后，开了实体店，开店后就有一定量的生意，这样就有效地降低了创业风险，算是一个利用社群营销的好案例！

其实只要懂得这些概念，就可以借由日常的经营来提升成功概率，关键是必须要去落实概念。我观察过很多创业者，其实失败的真正原因都是没有落实概念并经营好每一个小细节。当我们有了这些概念后必须实际去操作，然后找到问题，慢慢调整，这样才有机会成功，做社群营销也是一样。

如何在社群营销内容中导入商业信息

上面谈到的是制作可以吸引潜在顾客关注与并增加用户黏性的一些内容规划方向，但我们经营社群最大的目的还是希望能够为自己带来一些营销成果，也就是营收的提升。要利用社群为我们带来一些顾客，就要适时发布一些商业信息。

我将软文内容分成跟营业有关与跟营业无关两种，前文所提到的就属于跟营业无关的内容，目的是吸引潜在顾客。吸引到潜在顾客后必须发布一些跟营业有关的信息来跟粉丝互动。

跟营业有关的内容制作方向如下。

（1）日常经营上的一些心得，如创业心得等。

（2）想传达给粉丝的经营理念（塑造品牌认同）。

（3）新产品的上市信息。

（4）活动优惠信息。

这些跟营业有关的内容是我们做社群最大的目的，即利用社群渠道去传递我们的经营信息，让顾客更好地了解我们的服务与想法。但如果只发跟营业有关的内容，通常粉丝的黏性并不会太高，除非你可以将这些信息用很有趣的方式向顾客呈现。

塑造出自己的社群个性

如果想要做一个品牌，我们必须赋予品牌一些“性格”，通常品牌“性格”跟创办人有很大的联系。社群其实就是给消费者传达信息的媒介，重点是要搞清楚你想传达给消费者的是什么，即品牌的核心精神是什么。

确定了品牌的核心精神，再通过社群经营去传达。品牌的个性与风格决定了与粉丝互动的方式，有的经营方式很亲切，有的经营方式很幽默，这些方式都是经营者赋予社群的生命力，但经营方式也要根据你所要吸引的受众群体来制定。当一个品牌被越多人喜欢时，品牌力就越强，也更容易带动业绩的提升。

开店创业就要拥有自媒体

什么是自媒体？因为社群网站的功能越来越多，经营社群就像在经营属于自己的媒体一样。如上面所提到的，我们制作内容，吸引特定的受众关注，再借此产生媒体效果，这就是自己拥有的一种媒体资源，因此我们不一定要靠外部的媒体资源来曝光（当然个人自媒体曝光加上外部媒体曝光，效果会更好）。

受众定位→内容方向定位→内容素材制作→受众关注与黏着→受众互动产生信任→受众分享产生传播，利用这样的流程慢慢地做出自己的品牌并提升在网络上的影响力，进而导入实体店活动与消费，这就是一种基本的O2O（线上与线下结合的商业模式）概念。

利用社群建立销售漏斗

如今，网络与实体的界线越来越模糊，网络的聚众速度快、传播力强，是培养大量潜在客群的一种方式，也是顾客关系管理的一种方式。

传统营销模式下，如果我们要发布一个新产品上市的信息或者活动公告，往往只能在店里贴出信息，只有来店里的顾客才看得到。如果有的顾客有一阵子没有来，但我们推出的产品可能是他喜欢的，该怎么通知他？社群就可以很好地解决这个问题，这也是当初我们建立社群的出发点，这其实就是利用社群做顾客关系管理的一个案例。

也有可能粉丝在社群上关注我们的消息很久了，但一直没有到店，现在推出了一款他喜欢的产品，他在社群里看到了，然后来到店里消费。这是很常见的社群效益，也是我们经营社群的最终目标。

社群就像一个漏斗，慢慢地筛出我们的顾客。粉丝数越多，转换成顾客的机会与比例就越高。

社群经营包括以下6点：

（1）锁定目标受众。

（2）拆解受众关注的问题与议题。

（3）利用这些议题聚集粉丝，产生弱连接。

（4）引发互动，让这些粉丝能够更信任品牌，产生中度连接。

（5）利用实体店活动做线下接触，使粉丝变成消费客户，产生强度连接。

（6）继续经营社群，创造再次消费的机会。

这是我们在做实体店面时利用社群来提升业绩可以参照的一个流程。

在社群上写下你的创业故事

可以把创业过程当成题材，写出自己的创业故事，做故事营销。

我一直鼓励创业者在创业的过程中将自己的创业心得用文字记录下来，一是因为创业有很多的困难，需要一个抒发的渠道；二是通过一点一点地记录，把自己的创业过程写成故事，让别人看到自己的创业故事，有时候会因为这样做得到更多人的支持。

有时候创业不一定只是卖产品，如果创业者能够认真体会创业过程，进而将品牌、产品的理念锤炼出来，这样得出的理念就是很棒的品牌精神，也是我们真正要传达给粉丝的精神。这样做可以让顾客跟我们的关系不仅建立在产品面，还可以有更深的精神面与理念面的交流，从而得到更多顾客的支持。

我们创业10年了，我也坚持了10年用文字记录创业的每一个过程。也因为文章量累积得够多，有很多人是看到文章后认识了我们进而支持我们。

也有记者从网络上搜到我们的故事，然后找上我们，以我们的故事为报道题材。这样的媒体曝光完全不用付费，通过这样的方式去介绍我们的创业故事，让更多人认识我们，这些都是长期记录创业故事所带来的好处。我也是因为长期写创业故事才会被编辑发掘，从而让大家看到这本书，了解我的创业品牌。

写故事还能锻炼自己的文笔，让自己在写文案方面越来越得心应手。营销不一定要花大价钱才能做，如果没有找到想要表达的关键点，花大价钱营销也不一定做得好。

社群时代要学习在网络上找到志同道合的人，与其产生共鸣，进而达到营销的效果，这也是我觉得社群营销很棒的一个地方。

开始练习写自己的创业故事吧，一定会有收获的。

3-5 如何有效维护Facebook粉丝团[1]？

我不会写好笑的内容，那么该如何维护粉丝团？其实这二者之间一点关系都没有。对开店创业来说，操作Facebook（FB）的目的就是找到潜在客户，而这时候无论是免费的内容营销，还是付费的广告宣传，都有它们各自的操作技巧。

谈完社群营销的方法，接下来我们谈谈社群营销工具的使用。

FB粉丝团是社群营销的工具之一，因为目前比较多的人使用FB粉丝团来做社群营销，所以谈到社群时很多人第一个联想到的就是FB

① 本节中谈及Facebook的相关内容，读者可将其与新浪微博对应，二者功能相似。

粉丝团。社群营销其实是一种概念，可以运用在不同的工具上而不只是FB粉丝团。

社群概念搭配工具才有办法达到我们想要的效果，但不能只是单纯地学习工具使用方法，因为若没有操作技巧，再好的工具也无法达到效果。

这一堂课我们先介绍经营FB粉丝团的一些技巧。FB的改版速度非常快，隔一段时间就会更新，所以要先了解一些FB操作原理才有办法用较低的费用做营销推广。

什么是Facebook触及率?

触及率就是当我们发出一篇文章的时候可以传播给多少人。如下图，触及率分为自主触及（自然触及）与付费触及两种。

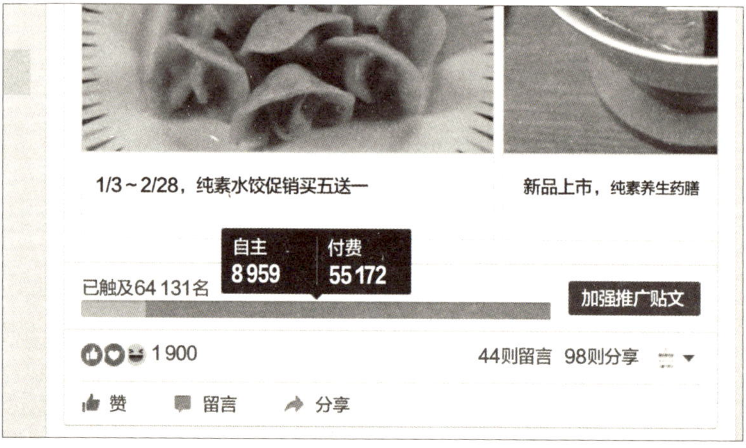

自主触及指的是在没有付费的状态下，FB让多少人看到了这篇推文。FB粉丝团在刚开始还没有推付费广告时，触及率是100%，也就是

说你有多少粉丝，你的推文就会被多少粉丝看到。但当FB利用广告来收费并建立起它的商业模式之后，自然触及率被修改得非常低，只有3%~5%。

所以在没有任何互动（点赞、留言、分享）的状况下，假设你只有1 000个粉丝，可能就只有30~50人看得到你的推文。如果粉丝有跟你互动，有点赞、留言或者分享，那么FB才有可能提高你的自然触及率。

因为FB属于社群平台，它希望在平台上建立内容的人能够建立有用的内容，让大家可以在这个平台上进行有效互动。所以互动的人越多，FB就会觉得你的内容对粉丝是比较有用的，才会帮助你去推广，这是FB的演算基础。

创造粉丝愿意关注与互动的内容是关键。

基础粉丝的品质影响你的扩散

当FB改了演算法，让自然触及率下降以后，社群的经营思维就变得更加重要。很多人觉得自然触及率下降导致粉丝团效益下降，但回到本质，问题来自于两个方面：发文方向与基础粉丝精准度。

发文方向决定了会吸引什么样的粉丝。有的人为了与粉丝互动，常发一些笑话或者是在FB平台上转发分享率很高的文章，但却忘了思考这篇文章到底会吸引什么样的粉丝？这样的粉丝是我们想要的吗？

如果这篇文章无法吸引我们的目标受众，就算它的内容再好笑都尽量不要放在粉丝网页上，因为如果这篇文章在你的粉丝页被大量地转发分享，被吸引的粉丝只是因为内容好笑，就算他成了你粉丝团中的一员，也不会有营销收益。

粉丝团并非人越多就越好，因为有太多的非目标受众在粉丝团里面反而会影响推文的传播效果。

举个例子：我的粉丝团有2万人，今天发一篇文章，FB会先给我3%的自然触及率，也就是说会触及600人，这600人看到我的推文后会不会与我互动决定了FB愿不愿意让我的推文被更多人看到。

那假设这600人当中有300人是因为过去一篇好笑的转发文章加入粉丝团的，有效的粉丝可只剩300人，粉丝团的整体效益就会受到影响。

但如果这600人都是被我一篇一篇筛选过的内容吸引的，他们长期关注我所发的议题，共鸣度高，也很愿意互动，于是在互动状态下FB又给我第二波触及机会，自然触及率提升到20%，自然触及达到4 000人，那么营销效益就会非常好。

基础粉丝越精准，扩散效果越好。通常有相同喜好的人才会聚集在一起，所以这些转发分享也容易吸引有相同兴趣的朋友的关注，让粉丝团的基础粉丝中目标受众越来越多，即粉丝的精准度越来越高，扩散效果自然就会越来越好，这样才能用较低的成本取得曝光效果，达到社群经营的效益。

截至2017年1月17日，我们的粉丝团约有26 000人，但因为我们长期的经营方向是素食，所以基础粉丝的精准度够高。其中有一篇推文引起了大量粉丝的互动与转发分享，自然触及多达40 000人，自然触及率约150%，与原本的3%~5%差异甚大。

这是长期利用相关推文建立基础受众的结果。

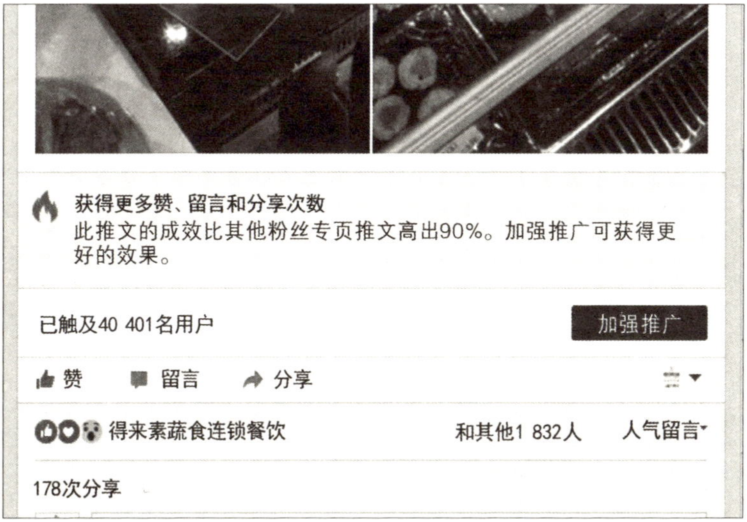

因为文章内容是素食，会产生互动的通常也都是对素食这个议题感兴趣的人，所以这些人也是我们想要的受众群体，故可以利用“邀请”功能邀请他们加入我们的粉丝团。用这样的方式找到基础粉丝，相对较精准，未来的互动与传播也较容易。

发文时哪些因素会影响触及率？

1. 直接从别的粉丝页分享到自己的粉丝页的内容，触及率较低

我们测试的结果是直接转发别人的内容到自己的粉丝网页，通常触及与扩散效果都比较差。因为直接按分享键在粉丝网页上呈现出来的画面并不会是全画面，而只是前面一小段，且界面较小，较难吸引网友点击。所以如果觉得别人的文章不错，通常我会复制他的网址（粉丝页也有网

址），然后将链接放到自己的粉丝网页上，而不是直接按分享键。有的时候再加一点自己的想法与内容，或者截取内容中的重点片段或语句，这样比较容易吸引粉丝浏览甚至互动。

2. 视频与直播的触及率较高

FB鼓励视频内容的传播，所以如果能制作视频内容或开通直播，触及率会提高。但视频内容制作的技术门槛比较高，要有策划内容的能力，不然粉丝看了无法产生共鸣，触及率也不会增加。

内容营销对开店创业的重要性

FB只是一个传播平台，真正重要的还是传播的内容是否能引起粉丝关注、互动并进行二次传播。无论是图片的设计、文案的撰写还是视频内容的拍摄，都属于内容营销的一部分，如果内容空洞，就算FB平台再好用也无法达到效益目标。

如果刚开始创业时不会制作内容，或不知道要制作什么样的内容，那么可以写创业故事。写创业故事就像是写自己的人生小说一样，把自己的创业故事写出来，甚至拍成视频与粉丝互动，把创业的心得告诉大家，其实是很容易引起共鸣的。一是因为这样创作出的故事内容只属于你自己，独一无二；二是因为感性的内容更容易获取他人的支持，这也是慢慢建立起自己品牌精神过程中很重要的一环。

3-6 如何利用Line@[1]提升店面业绩？

对于实体店铺来说，Line@是重要的社群营销工具。利用Line@的传播性，你可以将Line@当作顾客管理系统，并且即时地举办一些提升业绩的活动。这一堂课，我会教你如何使用它。

Line@的重要性：经营老顾客

除了FB粉丝团，另一个对于实体店业绩提升有帮助的工具就是Line@，且Line@是我认为实体店铺一定要用的工具。

为什么？我们先来思考一件事，如果今天有一个新产品上市，或者是

① 本节中谈及 Line@ 的相关内容，读者可将该工具与微信对应，二者功能相似。

要推出一个活动，要怎么通知客人？尤其是已经来消费过、认同产品、认同品牌的客人？

能够第一时间通知客人今天店里的所有活动，让有兴趣的人来购买，这样才能提升业绩。

做生意，老顾客的维护比新顾客的开发更重要，因为开发一位新顾客需要信息的大量曝光（产生曝光成本），曝光后可能只有1%的顾客会进店，这1%当中又可能只有一半的顾客会成为老顾客。也就是说，可能用了99.5%的成本也只能换得一个愿意长期支持我们的老顾客，所以开发新顾客的成本远比维护老顾客高得多。

有效经营老顾客就是节省成本，但很多创业者尤其是微型创业者并没有意识到这一点，这往往会成为他们提升业绩的重大阻碍。

如何做顾客关系管理？

做好顾客关系管理的一个要点就是取得顾客的联系方式。前面提到的粉丝经营也算是一种顾客关系管理的方式，但因为FB属于较开放式的平台，而且在触及率很低的状况下，顾客关系管理的效果并不好。

我们先来分析一下大部分企业都怎么做顾客关系管理。

（1）电子商务：电子商务平台通常会在顾客购买时获取顾客的E-mail，然后通过邮件将新产品、优惠、活动等信息传达给消费者，以吸引消费者再次购买。

（2）大型餐饮与零售业：许多大型餐饮或者零售业通常会做会员管理，也就是消费时会要求你办会员卡，如果有会员卡就可以享受会员价。

其用意就是希望你在购买某种商品时能够锁定他们的渠道购买，不要到别的地方购买，另外就是取得你的联系电话或者地址，可以发短信或者寄实体宣传单给你，让你能够收到他们的优惠信息、活动信息等。

（3）微型餐饮：对于微型创业者而言，可能没办法在线下经营中快速取得顾客的E-mail，因为顾客通常买了就走，而且做会员系统的费用也不低。因为这样，过去很多微型创业者没有办法做顾客关系管理，这也是我们一路走来遇到的问题之一。但当Line@推出后，很好地解决了这个问题，因为Line@就是针对实体店铺设计的，所以它是实体店铺管理顾客关系与提升顾客回购率的好工具。

Line@的优点有哪些？

知道了Line@这个工具，了解了使用Line@的原因，接下来我们要谈谈Line@的几个优点。

1. 顾客推广成本较低

Line是台湾地区使用率最高的移动通信类应用程序之一，几乎每部智能手机里都安装了Line这个App，其用户基数足够大，所以我们不需要让顾客下载额外的App。

试想，如果我们为了做顾客关系管理而专门开发一个App工具，那要求顾客下载这个App所要花的推广成本就会非常高，而且很难确切提高使用率。

Line@是Line公司开发的软件，可以利用Line这个App做推广。也就是说顾客是通过Line收取信息，不需要再下载其他App，所以就没有下载成本。商家也只需要支付加入Line@的推广成本，相对于自行开发软件在推广成本上来说就低很多。

2. 较少发生App被删除的问题

因为每个人使用Line的频率都很高，所以很少出现App被用户删除的情况。

3. 一对多群发

一对多群发的意思就是当顾客加入我们的Line@后，我们只要发一条信息，全部粉丝都会看到，不需要一个一个地发消息，也不用像过去一样把一群人加入一个Line群组里面做营销，只要有人发言就会一直刷屏，到最后其他人根本懒得看群消息。

如果Line@上有顾客留言，只有我们自己看得到，别的粉丝是看不到的，所以不存在信息被不相关的人看见的问题。

4. 全触及

前面谈经营粉丝团时有提到，FB的自然触及率已经降到10%以下，但在Line@上发一条消息全部粉丝都收得到，不过仍存在粉丝是否愿意打开消息的问题。

跟粉丝团的发文操作一样，在Line@上提供一些有价值的、粉丝需要的内容，又或者是分享一些店铺经营的心得，就像跟一群朋友做互动一样，让他们不抗拒浏览你发布的消息，也不会想要将店铺平台设置成消息免打扰模式。

店家可以不定期地举办一些优惠活动，或者做一些互动式的问答，让粉丝先打开我们的消息，这样信息才能真正传递出去，这部分也算是营销的一道关卡。

5. 更便捷的传播渠道

Line是一个手机端的App，虽然不一定所有人都会用电脑，但几乎所有人都会用智能手机，也几乎都会安装Line这个App。绝大部分人每天一定会使用手机，每天一定会打开Line，所以在这样的使用习惯下，把信息通过手机传递给粉丝相对于其他方法容易得多。

6. 设定优惠活动，提升顾客到店消费转换力

Line@有很多内建活动的功能，如集点卡、抽奖、投票等，这些都能够用来跟顾客互动，吸引顾客上门消费。

7. 快速地执行营销策略

以前我们在经营店铺时，想做一个活动的话可能要先规划，规划完再准备一些辅助品，如集点卡、抽奖箱等。也就是说，从规划、设计到制作所花的时间通常需要一个月甚至更久，执行效率比较差。有时候业绩已经在下滑，希望通过一些活动来与顾客互动或者刺激消费，但做好准备后发现为时已晚，这是一个较常见的问题。

使用Line@的好处就是，如果我在某个月的15号发现业绩不太理想，想在这个月的最后15天里冲刺业绩，那我就可以在定下活动方式后，立马利用Line@设定活动内容及规则，然后发布活动信息，隔天顾客就会因活动上门消费。这样就能有效地提高经营效益。

8. 较隐秘的投诉渠道

做生意接到投诉是在所难免的事情，思考一下顾客通常可以通过哪些渠道投诉?

打电话投诉：以我们的经验来看，打电话投诉的顾客通常是非常在乎自身权益的一类人，又或者是遇到比较严重的问题的顾客才会打电话投诉。接到电话投诉时，需要注意应对的口气与态度，口气缓和，态度对了会发现顾客未必是故意刁难，有时候真的只是想反映问题并希望店家改善，应该感谢这类顾客。电话投诉属于比较隐秘的投诉方式，如果处理得好通常不会扩散。

网上投诉：通常这种是比较不好的，因为网络平台开放度极高，只要有顾客投诉，就会留下记录。

通过Line@投诉：我们开始使用Line@后才发现很多顾客比较喜欢用Line@向我们反映问题。或许是因为Line的使用频率较高，而且有的顾客又会不好意思打电话来投诉，所以当有了Line@这个渠道后，顾客通常都会用Line@跟我们反映问题。Line@属于较隐秘的渠道，顾客反映给我们的问题只有我们看得到，不会扩散，有些问题也能在线上回答跟处理，会大大降低投诉带来的影响。

让顾客一成为会员就能获得优惠

让顾客一成为我们的Line@会员就可以获得一些小优惠（例如加入会员后可获得薯饼一块或一张30元的优惠券），这样可以吸引更多的人加入会员进而到店消费。

3-7 如何克服创业过程中遇到的各种困难？

这本书的最后一堂课，我会总结创业过程中一些必然要面对的问题，向大家分享我的经验，帮助大家做好创业开店的心理准备。

最后一堂课，我想跟各位想创业的或刚踏上创业旅程的人，谈谈我这一路走来的心态与心得，还有一些需要克服的问题。

其实刚开始创业的日子是很煎熬的，想想写这本书的时候，我们创业差不多满10年了，一路走来有很多困难，这是一段磨炼我们心智的历程。

刚开始创业会遇到的问题是没有顾客基础。如果是第一次创业，累积第一批稳定的客源是需要一段时间的，在拥有稳定客源前，收入常常比支出少，这也是需要周转金的原因。周转金是为了让我们能够在市场存活得更久一些，也就是用金钱换取一点时间以争取存活的空间，这是创业第一阶段最为困难的地方。

而这时候为了存活，有一些能力与态度是必须具备的。

培养自己开发顾客的能力

第一个阶段要培养自己的开发能力，尤其是商圈开发、顾客开发的能力。我们在辅导加盟创业时比较常遇到的情况就是创业者刚开始不太愿意出去开发市场，原因有很多，如害怕、害羞、不适应创业生活等。

在这里我希望跟大家分享的经验是，决定要创业后，一定要有一颗坚定的心并大胆地行动起来，一定要走到店外面开发市场。客人不会平白无故地自己走进来，就算有也是少数，一定要大胆地行动去开发客人，不要放过介绍自己的机会，一定要先让大家认识你的店铺与品牌。唯有被看见才有机会被认识，被认识才有机会交易，这是创业的铁律。

创业失败未必是因为产品不够好，可能大家在完全没接触到你的产品时你就失败了，成功的关键就是顾客开发，这也是创业初期的必经过程。无论压力再大、再累，都要记得创业的第一步就是被更多人认识。不要害怕别人的冷言冷语与成见，去做就对了。别人不会知道你的理想，在没看到你做出的成绩之前也不一定会支持你，所以要砥砺前行，激励自己，直到做出成绩。这是第一阶段我想跟创业的朋友分享的心得。

处理“人”的问题

第二阶段会遇到的可能就是“人”的问题，创业会有以下几种情况。

（1）独自一人运作：独自创业，刚开始可以避免一些与人合作或者沟通上的问题，但能做的事情就会相对比较有限，因为自己一个人的时间跟能力都有一个上限值。另一方面，遇到事情时一个人可以很快地做出决定，不会有太多的干扰因素。

（2）跟家人一起创业：跟家人一起创业，无论是夫妻共同创业、同兄弟姐妹一起创业还是和父母一起创业，其实都会有意见不合的时候，最大的问题通常是没办法就事论事，很多事情没办法理性地去处理。

想想看，如果你跟你的伴侣意见不合，到最后一定有一方会搬出夫妻关系来谈事情，有时候是在讨论公事，最后也一定会出现把双方关系混为一谈的情况。与兄弟姐妹或者与父母一起创业也会如此。

其实这时候有必要先花一点时间处理关系，再处理事情。和家人一起做事，如何把关系抽离，理性地沟通，清楚地讨论公事，是一项颇难的功课。无论如何都要学会理性地沟通，这样才有办法真正地解决问题。

（3）找合伙人一起创业：创业有时候难免会因为想要找个帮手或者因为资金、资源的不足而找人一起合作。我也是跟中学同学一起合伙创业的，在这个过程中深深地体会到合伙创业不是一件容易的事。

合伙人之间意见不合，又或者在权力或利润分配上产生摩擦，这都是合伙创业比较常见的问题。

因此合伙创业时，谁负责什么工作，职位与决定权该怎么分配，这些都要在合作前谈清楚。

合伙人要能共同成长，如果双方无法共同成长，最后导致价值观落差太大，出现因无法沟通、无法达成共识而散伙的情况。

合伙双方也要懂得调整沟通模式，厘清事情脉络，找出导致意见不合的关键问题，提出双方均可接受的方案。这非常需要双方的智慧，因为只要是与人相处一定都会有磨合期，沟通是必要的。双方合作最担心的就是在一次又一次不愉快中累积了心结，心结太多就像一根绳子打上一个又一个的结，最后没办法解开，所以合作双方要有共识，不要等到心结太多才想要沟通，一定要在发现心结时就去找对方谈，其实有时候是因为误解对方的想法而导致误会，这是很常见的事情。

合作伙伴之间必须要有共同的愿景、目标、计划，这样才能长久合作。双方坦诚地合作，培养默契，这样才有办法在双赢的局面下共创佳绩。

合作就是为了去打造更大的市场潜力，只要把格局放大，很多问题自然就能够迎刃而解。

如何应对身边的人泼冷水？

创业算是一项高风险的事，通常不会被很多人看好，尤其是身边的人，所以创业能够获得身边人的支持是一件很不容易的事情。被人泼冷水是经常发生的事。

记得有一次去外面上课，我举手问老师：“老师，您觉得素食市场怎么样？”老师说：“我当场做市场调研给你看，在场有吃素的同学请举手。”结果没有人举手，老师就觉得这个市场太小，要我尽早放弃。

其实我明白老师的角度与观点，因为当时素食市场真的很小，有时有些创业的人问我一些有关市场的事，我也会给他们指出一些问题，这也算是一种泼冷水。

但我们回过头来思考，难道因为别人泼冷水就要放弃吗？如果是这样，就代表你自己没有足够的信心与毅力去实践自己所确定的事情。或许他人说的未必是错的，但那也仅仅是站在一个角度看。有时候被泼冷水反而是在考验我们的心态，考验我们对于创业的思考是否成熟，是否有足够坚定的信心去执行。

我常常用一个故事来激励自己，这个故事名为《耳聋的青蛙》。

有一个青蛙村，每年都会举办一场爬灯塔运动会，村里面各个好手都会参加。有一年举办运动会的那天，不巧刮着大风，下着大雨，但主办单位还是觉得可以举办，所以运动会如期举行，但大家其实都觉得没有青蛙能在这样的条件下爬上去，于是开始议论纷纷。

比赛开始进行，青蛙不断地往上爬，但也不断发生青蛙被风吹落、被雨打落的情况。灯塔下围观的青蛙不断地议论："不可能有青蛙爬得上去。"

但有一只青蛙不断地往灯塔迈进，最后真的完成了比赛。青蛙界的媒体记者纷纷上前去采访它，想了解它到底是怎样爬上去的。

记者问："青蛙，你到底是怎样爬上去的？"

这时才发现，这只青蛙是一只耳聋的青蛙，于是找了位手语专家与它对话，问它到底是怎么爬上去的。

耳聋的青蛙用手语比划着说："我就只是专注地看着灯塔顶端，不断地告诉自己'我要爬上去'，我听不见别人的声音，所以很专注地往上爬，就算被风吹雨打，我还是相信我能爬上去，于是就这样爬上去了。"

后来大家才知道，原来青蛙爬上灯塔的秘诀就是不听别人的负面声音，专注地看着灯塔，相信自己一定爬得上去。这三个原因让它在艰难的环境下爬上了灯塔，拿到了冠军。

这是一个有趣的故事，我觉得这个道理很适合用在创业上。创业的过程中会遇到很多困难，会听到很多负面声音，但这三个秘诀可以激励我们，不去在意负面声音，专注目标往前走，最后获得成功。这是我常拿来激励自己的一个故事。

顾客跟你说的是他自身的需求还是市场需求？

在创业过程当中有一件事一定会发生，就是刚创业的时候会有许多人给你很多的建议，尤其是顾客，每个人给你的建议都不同。

举一个甜度的例子，一款甜点刚开发出来一定会碰上这种情况：有的顾客觉得甜度刚刚好，有的顾客觉得太甜了，有的顾客觉得不够甜。如果听一种改一种，原则上就要不断地调整与改变产品品质，最后导致不知道怎么做产品。

在这个过程中，你必须很清楚地知道到底要做怎样的口味，迎合怎样的客群，调整到一个阶段必须要坚持住，找出适合这样口味的客群，而不是不断地迎合每一位顾客。一定要定好自己想要表现的状态，然后去跟顾客说明。

每一位顾客的反应都代表一种声音，刚做生意时非常在意顾客的每一种声音，这也是人之常情。但以我们的经验，调整到一个阶段后必须固定下来。如果真的有很多人反映，那我们就会斟酌着去调整，而不是顾客每反映一个意见我们就调整一种方式，这样反而到最后会变成“四不像”，所有顾客都留不住。

结语：创业10年的10个感悟

接下来跟大家分享我创业10年以来的10个感悟，也是创业过程中存在的10种问题，作为这本书的总结。

1. 不懂市场

创业的第一阶段遇到的问题是不懂市场定位与目标客群，专业知识不足，只会一股脑地往前冲，花了很多时间慢慢补足专业知识然后修正方向与策略。

感悟：创业很难一次到位，必须持续学习，将知识架构与实务问题做整合会让学习效果更好，也更有成效。

2. 定价过低

产品定价过低，毛利过低造成恶性循环。

感悟：刚开始创业什么利基都没有，大部分创业者只能打价格战。但价格战往往会让创业路越走越辛苦，创业者该思考的是如何发掘产品价值，然后提出诉求与市场沟通。

不要想让所有客人都喜欢你的产品，先抓小众客人。找到利基后，再将自己的优势放大，然后整合扩大。

3. 过多整合

一直想要整合资源却忘了本职，将时间与资源投入到不该投入的地方。

感悟：人脉、合作固然重要，但重点是自己的核心交换能力是什么？别人凭什么跟你合作？合作双方又能得到什么好处？当自己还不是“大咖”时吸引不到好的合作对象，所以努力先让自己成为“大咖”。

4. 合作瓶颈

当自己的经营规模还小时，很多厂商不太愿意合作，因为工厂开发都有基本量，所以创业者在谈合作开发产品时往往会遇到瓶颈。

感悟：厂商因为量小而不愿意开发很正常，但是创业者要有不屈不挠的精神，持续地找工厂谈合作。在规模还小时能谈的就是愿景跟可能性，或许是画大饼，但只能这样谈那就这样谈吧！

努力地去实现自己说过的话，总会有一些工厂支持你的小规模经营，这也是让自己的愿景更清晰化的阶段。没有资本的时候就尽可能地让身边的人看到你的愿景，更重要的是要让对方看到你的态度与执行力，让他们觉得没有看错人。

5. 员工流失

员工流动很快，愿景比不上实质薪资福利。

感悟：这是现实的问题，只画大饼而没有实际的经营业绩是没办法让所有人满意的。所以不止要谈愿景，最重要的是要做出成绩，发给员工高的薪资福利，这是一定要走的方向。

创业初期要找信任你的员工。有人相信你，但也会有人不相信你，不要气馁，为留下来的人努力而不要为离去的人难过，有时要收起脆弱的一面，咬着牙做出成绩来。

6. 财务计划

做财务计划，永远为未来多做一份准备。

感悟：不要认为不缺钱就不需要跟银行打交道，经营到一定阶段后要学习跟银行建立关系，不一定要使用过高的财务杠杆。跟银行打好关系的目的是在需要资金周转时还能有一条后路，平常借一点还一点建立起的信用关系也是一种资产。

7. 别人的成功经验

别人的成功经验是别人的，自己做出的经验是自己的。

感悟：刚创业时常常会学习别人的成功经验，但别人的成功经验背后的时间、地点、条件等与我们自己真正面临的肯定都不一样，别人的经验与策略也并不一定适合自己所处的创业阶段。

8. 人脉社团

向往认识许多大老板，觉得好像接近他们就能更成功。

感悟：要认识大老板并不难，加入一些高端社团就能增加和大老板碰面的机会，但重点不是你认识他，而是让他认识你。

再者，如果没有能力或实力，你也不一定接得住大老板给的机会。所以还是先专心练练基本功，实力强了自然会有人来找你。先跟自己差不多水平的人合作，再慢慢往上拼，这样合作压力较小也比较容易成功。

9. 营销与产品

营销是协助扩散，根本还是产品与服务本身。

感悟：如果只是利用营销技巧，但产品力不足，往往只能做一次性生意。做生意最重要的是回购，好的产品与服务可以让推广变得更加容易，但不能认为自己的产品很好而不去做营销，两者其实要并进，不断地优化才能保持一定的优势去竞争。

10. 合伙人

合伙人跟你的另一半一样重要。

感悟：合作伙伴之间必须不断地沟通与互相谅解，将角色定位分清楚，权力范围谈清楚，利益分配谈清楚，小的事不用太计较。合伙最重要的是发挥团队力量去赚大钱，只争蝇头小利就永远做不大，那倒不如独资。

合伙做生意最难的地方在于价值观与沟通技巧，双方的价值观要达成一致，公司的定位也要搞清楚，还要懂得如何在意见相左时有效沟通并达成共识。另外，学习情绪管理也是必要的。

以上这些就是我这10年来开店的经验与心得。集结成这本书与大家分享，希望能够给要创业或正在创业的朋友提供一些帮助。

也祝各位能够通过创业去改变周遭的一些事物，找到自己的使命与理想，实现自己的人生价值，成功圆梦。